本書出版得到國家古籍整理出版專項經費資助

群 經 音 辨

〔宋〕賈昌朝　撰

萬獻初　點校

中華書局

圖書在版編目（CIP）數據

群經音辨/（宋）賈昌朝撰；萬獻初點校. —北京：中華書局，
2020.7
（音義文獻叢刊）
ISBN 978-7-101-14168-9

Ⅰ.群… Ⅱ.①賈…②萬… Ⅲ.經籍–訓詁 Ⅳ.H131.6

中國版本圖書館 CIP 數據核字（2019）第 222377 號

書　　名	群經音辨
撰　　者	〔宋〕賈昌朝
點 校 者	萬獻初
叢 書 名	音義文獻叢刊
責任編輯	秦淑華
出版發行	中華書局
	（北京市豐臺區太平橋西里 38 號　100073）
	http://www.zhbc.com.cn
	E-mail：zhbc@ zhbc.com.cn
印　　刷	北京市白帆印務有限公司
版　　次	2020 年 7 月北京第 1 版
	2020 年 7 月北京第 1 次印刷
規　　格	開本/710×1000 毫米　1/16
	印張 10　插頁 2　字數 250 千字
印　　數	1-2000 冊
國際書號	ISBN 978-7-101-14168-9
定　　價	48.00 元

目　録

前　言

《群經音辨》，北宋賈昌朝撰。賈昌朝(998—1065)，字子明，真定(河北)獲鹿人，天禧初賜同進士出身，慶曆三年(1043)拜同中書門下平章事，參知政事。次年，改樞密使，後封魏國公，卒謚文元，《宋史》有傳。

賈昌朝一生博學善論，精于小學，《群經音辨》爲二十年治經講經逐漸纍積而成。其《群經音辨序》謂：年逾不惑，“因取天禧以來巾橐所志，編成七卷，凡五門，號《群經音辨》”。景祐四年(1037)侍講天章閣，編成獻上。賈昌朝還是《集韻》編纂者之一，《集韻》于景祐四年至寶元二年(1037—1039)編纂完成，據載參用過《群經音辨》原稿本。

《群經音辨》是一部辨析音變構詞類別義異讀的專門著作，集中而系統地分類辨析群經及其傳注中的音變構詞材料。一字異音異義，又稱“讀破、破讀”，是讀經者常常遇到的難題。周秦以來，一字異音多見于經傳注疏之中，陸德明《經典釋文》多所録存。《群經音辨》進一步完備而又集中地搜集材料，進行系統梳理，對這些材料作了音義上的詳細對比分析，并作了精心的編排。不但便利于讀經者應用，更爲漢語單字音變構詞的研究探索了路徑和方法。《群經音辨》所收音變構詞資料的數據及其特點，與《經典釋文》基本相符，顯示其音變構詞材料的搜集和分析都有很好的傳承性，都取自前人并“釋以經據”，并非憑空臆造。因此，無論從文獻學角度，還是從漢語語言文字學角度，《群經音辨》都是一部具有重要研究價值和應用價值的著作。

就今天漢語的應用而言，一字多音的辨讀備受關注。《經典釋文》音義辨析過於繁細，普通讀者不易把握。《群經音辨》辨析一字多組字音，系統而簡明，容易掌握。很多音變構詞的破讀，既標明破讀音，又標注“如字”本讀音，意謂知其語境中的詞義，不一定要變讀，讀該字本音也可以，如“能”，奴登切，表示强勁；破讀奴代切，表示任事能力，既可破讀“音耐”，又可讀如字“音能”，如“能水”就是會游水，原破讀“音耐”，一般都讀本音“能”。這樣處理，就大大方便了當今讀者，尤其是中小學語文教學及基礎經典閱讀的應用者，知義明音則可，不必刻意去詳究偏僻的破讀音。

《群經音辨》書編定獻上之後，以賈氏手稿本流傳。北宋康定二年(1041)旨准頒行，慶曆三年(1043)刻印成書。後世流傳版本大致分爲兩類：

（一）

1. 國子監本，刻于崇文苑(1041—1042)，爲賈氏親自參與的初刻本，今不傳。

2. 紹興臨安本，南渡後，紹興九年(1139)臨安府學據監本重雕，後經宋元遞修，國家圖書館有藏本，中華再造善本據以影印。

3. 紹興汀州本，南宋紹興十二年(1142)福建汀州寧化縣學據監本刻成，知縣王觀國作後序，爲宋代第三刻，清毛氏汲古閣以此爲底本影寫，今存殘本兩卷。

（二）

1. 清澤存堂本，康熙五十三年(1714)張士俊據朱竹垞所示抄本、汲古閣抄本和華希閔藏舊抄本翻刻，略有改易，但刊刻頗精良。

2. 清粤雅堂叢書本，道光至光緒間廣東伍崇曜輯刊，乃以澤存堂本爲底本，有所改正，刊刻較精。

3. 畿輔叢書本，清光緒五年(1879)直隸王灝謙德堂據保定府蓮池書院所藏影宋抄本，《跋》謂可證澤存堂、粤雅堂本誤字三十餘處，《叢書集成初編》據以影印之。

4. 鐵華館叢書本，光緒中江蘇蔣鳳藻據澤存堂本覆刻。

5. 四庫全書本，乾隆内府據澤存堂本抄寫。

此外，有汲古閣影抄宋汀州本、張士俊影抄宋紹興本等幾種抄本。還有臧鏞堂、惠棟、顧廣圻、傅增湘等人多種校本。

上述諸本，今傳者以粤雅堂叢書本、畿輔叢書本最爲精要。故本書以粤雅堂叢書本(粤本)爲工作底本进行點校，用畿輔叢書本(畿本)對校，出校記，便於讀者應用。爲方便查詢和檢索，正文字目加以標號，并編製了字目索引。爲方便讀者，附萬獻初《論〈群經音辨〉之音變構詞》，以明該書的文獻學與語言學價值。

《群經音辨》是辨析一字多音多義的基礎性讀本，辨析一千多組字目，都是常用字。因此，在標點整理上，以通行便利爲基本原則，繁體橫排；繁體字用通行的字形，異體字也選用通行字體。因辨析需要，少數標目用字保留原用形體，如“累”原作“絫”，保留；“射”原作“躲”，用“躲(射)”形式保留等。《群經音辨》的引文出示被辨字目的語境則可，多爲簡引或縮略引用，節引一字、一詞或一個語段，很少引用全句，故今排印只爲所出經典加書名號，不對其引文施加引號；保持賈昌朝所引内容，不據經典文本加以改動。粤雅堂本編排，字目與釋義用大字，賈昌朝所加反切音讀、書證及其説明用小字雙行夾注，今排爲一行，前者用宋體大字，后者用宋體小字，區別清楚，便利閱讀與應用。

群經音辨序

朝奉郎尚書司封員外郎直集賢苑兼天章閣侍講輕車都尉賜緋魚袋臣賈昌朝　撰

臣聞古之人三年而通一藝，三十而五經立，蓋資性敏悟，材智特出者焉。臣自蒙恩先朝，承乏庠序，逮今入侍内閣，凡二十年。年踰不惑，裁能涉獵五經之文，於五經之道固未有所立。嘗患近世字書摩滅，惟唐陸德明《經典釋文》備載諸家音訓。

先儒之學，傳授異同，大抵古字不繁，率多假借。故一字之文，音詁殊別者衆，當爲辨析。每講一經，隨而錄之。因取天禧以來巾囊所志，編成七卷，凡五門，號《群經音辨》。

一曰辨字同音異。凡經典有一字數用者，咸類以篆文，釋以經據。先儒稱當作、當爲者，皆謂字誤，則所不取。其讀曰、讀爲、讀如之類，則是借音，固當具載。

二曰辨字音清濁。夫經典音深作深式禁切，音廣作廣古曠切，世或誚其儒者迂疏，强爲差別。臣今所論，則固不然。夫輕清爲陽，陽主生物，形用未著，字音常輕；重濁爲陰，陰主成物，形用既著，字音乃重，信稟自然，非所强別。以昔賢未嘗著論，故後學罔或思之，如衣施諸身曰衣於既切，冠加諸首曰冠古亂切，此因形而著用也。物所藏曰藏才浪切，人所處曰處尺據切，此因用而著形也，並參考經故爲之訓説。

三曰辨彼此異音。謂一字之中彼此相形殊聲見義，如求於人曰假，與人曰假音價；毀佗曰敗音拜，自毀曰敗，觸類而求其意趣。

　　四曰辨字音疑混。如上上時亮切時掌切，下下胡賈切胡嫁切之類，隨聲分義，相傳已久，今用集録。

　　五曰辨字訓得失。如冰、凝同字，氾、泛異音，學者昧之，遂相淆亂。既本字法，爰及經義，從而敷暢，著于篇末。

　　此書斷自《易》、《書》、《詩》、《禮》三經、《春秋》三傳暨《孝經》、《論語》、《爾雅》，凡字有出諸經箋傳中者，先儒之説沿經著義，既《釋文》具載，今悉取焉。凡字之首音雖顯而經傳不載者，則依《説文》爲解。凡字之音義章灼者，則不復引据。

　　《音辨》之作，欲使學者知訓故之言咸有所自，聊資稽古之論，少助同文之化。

　　謹上

群經音辨卷第一

朝奉郎尚書司封員外郎直集賢院兼天章閣侍講輕車都尉賜緋魚袋臣賈昌朝　撰

辨字同音異

上 時掌	示 神至	王 雨方	玉 魚欲	丨 古本	屮 丑列
艸 倉老	小 私兆	八 博拔	釆 蒲莧	牛 語求	告 古奧
口 苦后	叩 況袁	走 子苟	止 諸市	癶 北末	是 承旨
正 之盛	辵 丑略	彳 丑亦	夊 余忍	行 戶庚	牙 五加
足 即玉	干 古寒	肉 女滑	句 古侯	丩 居蚪	言 語軒
音 於今	辛 去虔	举 士角	廿 居竦	妣 普班	共 渠用
异 羊諸	革 古覈	鬲 郎激	彌 郎激	爪 側狡	又 于救
大 臧可	聿 尼輒				

○上時掌切

1.001　旁①，近也；步光切。旁旁，彊也；補彭切，《詩》駟介旁旁。旁，迫也。蒲浪切。

○示神至切

1.002　示，天垂象示人也；神至切。示，地祇也；巨支切，《禮》宗伯掌

---

① 旁，原作"㤊"。

天神、人鬼、地示之禮。示，置也。音實，《禮》明乎禘嘗之義，治國其如示諸掌。

　　1.003　祈，求福祥也；巨衣切。祈，釁廟也。巨既切，《禮》以歲時序其祭祀及祈耳，謂割羊流血以釁廟也。

　　1.004　祭，亨神也；子例切。祭，國也。測介切，周公之後所封

　　1.005　祝，主贊詞者也；之六切。祝，贊詞也，之又切；祝，著也。之樹切，《禮》瘍醫掌折瘍之祝藥。鄭康成曰：謂附著藥也

　　1.006　祇，地神也；巨支切。祇，安也。上支切，《詩》俾我祇兮，鄭康成讀。

○王雨方切

　　1.007　皇，大也；胡光切。皇皇，祀儀也。于兩切，《禮》祭祀之美，齊齊皇皇。又於況切。

○玉魚欲切

　　1.008　瑕，玉病也；胡加切。瑕，已也。古雅切，《詩》烈假不瑕，鄭康成讀。

　　1.009　瑱，玉充耳也；吐電切，《詩》玉之瑱也。瑱，玉圭也。音鎮，《禮》王用瑱圭。

　　1.010　琢，治玉也；陟角切。琢，刻也。音篆，《禮》大圭不琢。

　　1.011　環，璧也；音還。環，卻也。戶串切，《禮》有環人。

○｜古本切

　　1.012　中，和也；陟弓切①。中，適也；陟用切。中，伯仲也。持用切。

○屮丑列切

　　1.013　屯，難也；陟倫切。屯，聚也。徒門、徒本二切。

———————————

① 陟，原譌作“涉”。後“陟用切”之“陟”同。

1.014　峗，雖也；某罪切。峗峗，艸盛也。忙回切,《春秋傳》原田峗峗。又梅對切。

○艸倉老切

1.015　蔥，菫艸也；七工切。蔥靈，車也。初江切,《春秋傳》齊侯囚陽虎,載蔥靈於其中。杜預曰：輻車名。

1.016　菑，田也；側其切,《爾雅》田一歲菑。菑，害也；音災,《禮》能禦大菑①。菑，木立死也。側吏切,《詩》其菑其翳。又音廁。

1.017　蘄，艸也；渠支切。蘄，芹也。巨巾切,郭璞以爲即古芹字。

1.018　苴，包苴也；子餘切,謂藉也。又音租。苴，子麻也；七餘切,謂麻之有子者,《喪禮》有苴杖。苴，履藉也；將呂切,《爾雅》藨蔍,謂履苴艸也。又將慮切。苴，浮草也,棲苴也。士加切,《詩傳》曰：水中浮艸,箋曰：樹上棲苴。

1.019　蔞，艸秀也；力拘切,《詩》言刈其蔞。又力侯切。蔞，轎飾也。音柳,《禮》設蔞謂喪車之飾。

1.020　苻，鬼目艸也；房夫切,《爾雅》苻,鬼目,莖似葛。苻，蒲也。旁夫切,《春秋傳》崔苻之盜。

1.021　荼，苦菜也；同都切。荼，舒也；式如切,《禮》諸侯荼。荼，茅莠也。音餘,《禮》掌荼掌以時聚荼。又音徒。

1.022　蕃，樊也；甫煩切。蕃，茂也。扶蘼切,《書》庶艸蕃廡。

1.023　藨，莓也；蒲苗切,《爾雅》藨蔍,子似覆盆。藨，艸也。白表切,《禮》藨蒯扱衽。

1.024　苞，茂也；百交切。苞，艸也。白表切,《禮》苞屨扱衽。

1.025　茅，潔艸也；莫交切。茅，苗也；音苗,《易》拔茅連茹,鄭康成讀。

---

① 大,畿本作"火"。

茅蒐,蒨也。音昧,《詩傳》茹蘆茅蒐,即蒨艸也。

1.026　蒯瞶,衛公子也;苦怪切。蒯,塯也。苦對切,《禮》蒯桴土鼓,鄭衆讀。又苦壞切。

1.027　茭,水艸也;古肴切。茭解,弓接也。古歷切[①],《禮》茭解中有變焉。又古卯切。

1.028　董,姓也;多總切。董董,短也。章勇切,《春秋傳》余髮董董。今本作種。

1.029　苛,急也;胡歌切。苛,察也。呼多切,鄭康成説《禮》:司關掌苛察姦人。又胡歌切。

1.030　荷,芙蕖也;胡歌切。荷,儋也;胡可切。荷,察也。呼多切,《禮》宮正幾荷其衣服持操。又胡歌切。

1.031　藏,入也;昨郎切。藏,藏物之府也;才浪切。藏,善也。音臧,《詩》中心藏之,鄭康成讀。

1.032　英,華也;於京切。英,映也;音映,《詩傳》以素絲英裘,沈重讀。英,飾也。於耕切,《詩》二矛重英,沈重讀。

1.033　苹,蕭類也;蒲兵切。苹,屏也。薄經切,《禮》苹車謂兵戰自屏蔽。又薄田切。

1.034　菆,善矢也;側留切,《春秋傳》每射抽矢菆。菆,厝也。才官切,《禮》菆塗。

1.035　菲,芴也;非鬼切,《詩》采封采菲。菲,履也。扶味切,《喪禮》有菅菲繩菲。

1.036　苦,火味也;康五切。苦,惡也。公户切,《禮》凡授婦功,辨其苦良。

---

① 歷,原作"厤",畿本作"厤"。

1.037　芣苢，馬舄也；音浮，《詩傳》：芣苢，馬舄。馬舄，車前。芘芣，荊葵也。芳九切，亦音浮。

1.038　薺，甘菜也；才細切。薺，茨也。才資切，《詩》楚薺，鄭康成讀。

1.039　菀，姓也；於阮切，《春秋傳》有菀何忌。菀，積也；音蘊，《詩》我心菀結。菀，茂也；音鬱，《詩》有菀其特。菀，姓也。於元切，《春秋傳》莒有菀羊牧之。

1.040　蘊，聚也；於敏切。蘊淪，波也。紆云切，《爾雅》小波為蘊淪。

1.041　蓼，水艸也；盧皎切。蓼，長大也。力竹切，《詩》蓼彼蕭斯。

1.042　芘，覆也；音庇，又悲位切。芘芣，茇也。婢夷、普耳二切，《詩傳》：茇芘芣。

1.043　蕢，艸器也；其位切，《論語》有荷蕢。蕢，塯也。苦怪切，《禮》蕢桴土鼓。又苦對切。

1.044　萃，聚也；在醉切。萃，副也。音倅，《禮》戎路之萃。

1.045　蒲，水艸也；旁吳切。蒲姑，商地也；徐邈《尚書音》扶各切。蒲伏，匍行也。音扶，《春秋傳》奉壺飲冰以蒲伏焉。

1.046　蔽芾，小也；非貴切，《詩》蔽芾甘棠。亦逋蓋切。芾，韠也。音紱，《詩》三百赤芾。亦甫味切。

1.047　莞，艸也；古丸切。東莞，魯縣也。音灌，鄭康成說《禮》：沐出東莞。

1.048　著，藥艸也；直居切，《爾雅》菋荎著五味也。著，門屏閒也。音宁，《詩》待我於著。又直居、直据二切。

1.049　茹，度也；音嚅，《詩》獫狁匪茹。又音如。茹藘，蒨也；人諸切。茹，食也。人渚切，《詩》柔亦不茹。又人庶切。

1.050　芋，艸也；王遇切，楚有芋尹，蓋以艸名官。芋，大也；況于切，《詩》君子攸芋，毛萇讀。芋，覆也。火吾切，《詩》君子攸芋，鄭康成讀。

1.051　蓋，覆也，疑也；古太切。蓋，何不也。音盍，《禮》蓋言子之志。

1.052　艾，冰臺也；五蓋切，郭璞曰：今艾蒿。艾，芟也。音乂，《詩》奄觀鉒艾。

1.053　蔽，塞也；補計、蒲四二切。蔽，翟飾車也；音弗，《禮》重翟厭翟謂蔽也，劉昌宗讀。蔽芾，小皃也。音必，《詩》蔽芾甘棠。又補計、逋四二切。

1.054　茷，旗也；音旆，《春秋傳》綪茷旃旌。茅茷，人也。扶廢切，《春秋傳》有茅茷。

1.055　蔓，葛屬也；音萬。蔓，菁也。莫干切，鄭康成說《禮》：菁，蔓菁也。

1.056　藉，薦也；在夜切；藉，天子田也。才亦切，《禮》躬耕藉田。

1.057　荎，榆也；自節切①，《詩傳》：樞荎，今枌榆也。昧荎，著藥艸也。直基、直棃、直栗三切。

1.058　葉，艸木之葉也；與涉切。葉，楚地也。舒涉切，《春秋傳》有葉公。

1.059　莫，無也；模各切。莫，夜也；音暮。莫，靜也。莫百切，《春秋傳》德正應和曰莫。

1.060　薄，林也，涼也；步各切。薄，迫也；補各、芳夫二切，《書》外薄四海，鄭康成讀。薄薄，疾驅聲也。普各切，《詩》載驅薄薄。又扶各切。

1.061　蕪，艸也；音無。蕪，豐也。亡甫切，《爾雅》包蕪茂豐。

1.062　蒙，女蘿也；莫工切。蒙，陰闇也；亡鉤切，又武工切。蒙茸，亂也。音尨，《春秋傳》狐裘蒙茸。

1.063　薜，艸也；卜陌切。薜，破裂也。蒲駮切，《禮》鬈懇薜暴不入市，鄭康成讀。又卜革切。

1.064　莎，艸也；蘇戈切。莎雞，羽蟲也。音沙，《詩》莎雞振羽。

1.065　茀，蔽也；敷勿切，《詩》翟茀以朝。茀，福也；音廢，《詩》茀祿爾康矣。又音弗。茀，荊也；扶弗切，《禮》繒矢茀矢，用諸弋射。茀，孛也。蒲憒切，《春秋傳》有星孛入于北斗，孛之爲言猶茀也。

---

① 自，原譌作“日”。

1.066　春，推也；昌純切。春，作也，出也。出允切，《禮》張皮侯而棲鵠，則春以功。鄭康成曰：春，作也，出也，天子將祭，必與諸侯群臣射，以作其容體，出其洽於禮樂者[①]，與之事鬼神焉。

○小私兆切

1.067　少，鮮也；書沼切。少，稚也。施詔切。

○八博拔切

1.068　余，我也；以諸切。余，舒也。式諸切，《爾雅》四月爲余，物生枝葉，故曰舒。

1.069　分，別也；府文切。分，限也；扶問切。分，均也。甫聞切，《春秋傳》救患分災。

1.070　曾，則也；作縢切；曾，嘗也。昨縢切。

1.071　个，枚也；古賀切，一説木曰枚，竹曰个。个，副也；音介，《禮》明堂有左右个，亦副个於中室也，或通箇音。个，侯舌也。音幹，《禮》梓人爲侯，上兩个與其身三。

1.072　尚，主也，庶幾也；時亮切。尚書，官稱也。音常，此謂主文書之官本，合音上，相傳音常久矣。

1.073　必，分極也；卑吉切。必，約也。補結切，鄭康成説《禮》：圭中必，謂以組約其中央，爲執之以備失隊。又如字。

○采蒲莧切

1.074　番，獸足也；附袁切。番，數也；撫煩切。番番，勇也。補何切，

---

① 洽，畿本作“合”。

《爾雅》番番矯矯，勇也。

○**牛**語求切

1.075　犧，純牲也；虛宜切。犧，羽婆娑也。素何切，《禮》有犧尊，畫以鳳羽婆娑然。

1.076　犆，一也；音特，《禮》天子犆礿。犆，緣也。除力切，《禮》君羔幦虎犆。

1.077　牢，牛馬圈也；魯刀切。牢，約也。音樓，《喪禮》牢中旁中，謂削約握之中央以安手。

○**告**古奧切

1.078　告，喻也；古奧切。告，白也；古毒切。告，讀書用法也。音鞠，《禮》其刑罪纖剸亦告於甸人。

○**口**苦后切

1.079　哨，口不正也；才肖切。哨，頎小也。音稍，鄭康成說《禮》：大胸燿後，燿讀爲哨。又蘇堯切。

1.080　吹，噓也；昌垂切。吹，聲也。尺僞切。

1.081　唯，獨也；以追切。唯，諾也。以水切。

1.082　呼，外息也；火吾切。呼，大聲也；火故切。呼，發聲也；呼賀切，《春秋傳》呼役夫。呼，拆也。火嫁切，鄭康成說《禮》：三兆之法，玉兆、瓦兆、原兆，其象似玉、瓦、原之釁呼。今本作繇。

1.083　吾，我也；五乎切。鉏吾，宋人也。語俱切，《春秋傳》使西鉏吾尨府守。

1.084　哉，言之閒也；祖才切。哉，始也。作代切，《尚書》厥四月哉生明。

1.085　台，星名也；土來切。台，我也；與之切，《書》以輔台德。台，魯地也。音臺，《春秋傳》季孫宿救台，范甯讀。又土來切。

1.086　喧，大言也；況袁切。喧，宣著也。況晚切，《禮》赫兮喧兮，謂威儀宣著也。

1.087　噍，殺音也；子遥切，《禮》志微噍殺之音。噍啁，鳥聲也。子流切，《禮》小者至于燕雀，猶有噍啁之頃。

1.088　咸，皆也；胡緘切。咸，繩也；古銜切，《禮》窆大夫以咸。咸，消也。洽斬切。

1.089　嘽，寬綽也；昌善切，《禮》其聲嘽以緩。嘽嘽，衆也。音灘，《詩》戎車嘽嘽。又音佗。

1.090　否，不也；方久切。否，塞也；部鄙切。否，惡也。音鄙，《春秋傳》序：臧否不同。

1.091　嘯，吹聲也；蘇叫切。嘯，使聲也。音叱，《禮》不嘯不指。

1.092　味，滋味也；無胃切。味，光也。某葛切，鄭康成説《喪禮》：陳明器，謂瓦不成味。又音妹。

1.093　召，評也；直照切。召，周地也。時照切，周召所封。

1.094　噣，厄也；音蜀，毛萇説《詩》鞗革金厄，厄，鳥噣也。噣，星也。張救切，《詩傳》三心五噣，四時更見。又鬭、瀆二音，亦直角切。

1.095　吉，善也；古一切。吉，氏也。其乙切，《詩》謂之尹吉，鄭康成曰：周室婚姻之舊姓。又其吉切。

1.096　咥，嗜也；大結切，《易》履虎尾，不咥人。咥，笑也。許其切，《詩》咥其笑矣。又許意、許四、虛記三切。

1.097　咽，梗也；以結切。咽，吞也。於見切。咽，喉也；以堅切，郭璞曰：亢即咽，謂咽喉也。咽咽，鼓節也。音淵，《詩》鼓咽咽，醉言舞。又於巾切。

1.098　咤，叱也；陟嫁切。咤，奠爵也。音妒，《書》三咤。亦音託。又豬夜切。

○叩況袁切

1.099　嚴，急也；語枕切。嚴嚴，高也；音巖，《詩》維石嚴嚴，今从山。嚴，矜莊也。音儼，鄭康成説《禮》：嚴恪矜莊。

1.100　單，盡也，大也；都寒切。單，魯地也；常演切。單，信也，厚也。都但切，《詩》俾爾單厚。

○走子苟切

1.101　趨，疾行也；七俞切。趨，行夜也；莊九切，《春秋傳》賓將趨，鄭康成讀。趨，徇也。七喻切，《詩序》機巧趨利。

1.102　趙，國也；治了切。趙，刺也。徒了切，《詩》其鎛斯趙。又起了切。

1.103　越，踰也；於月切。越，瑟空也，結也。户括切，《禮》朱弦疏越，《春秋傳》大路越席。又音月。

1.104　趣，趨也；七喻切，《詩》左右趣之。又七欲切。趣馬，養馬者也。七口切，《周官》有趣馬。

○止諸市切

1.105　歸，往也；舉韋切。歸，饋也。巨位切，《論語》陽貨歸孔子豚。

1.106　澀，喪車飾也；所甲切，《春秋傳》四澀不躃，鄭衆讀。澀，不利也。所立切。

○癶北末切

1.107　登，上也；都騰切。登，得來之也。音得，《春秋傳》公曷爲遠而觀魚登來之也，何休曰：齊人語。

○是承旨切

1.108　是，直也；承旨切。是，月邊也。徒兮切，《春秋傳》是月邊，魯人語。又承旨切。

○正之盛切

1.109　正，是也，長也；之盛切。正，税也。音征，《禮》司書掌九正。

○辵丑略切

1.110　逢，遇也；符容切。逢逢，鼓聲也。薄紅切，《詩》鼉鼓逢逢。又音豐。

1.111　追，逐也；陟隹切。追，治玉也。丁回切，《周官》有追師。

1.112　遺，亡也；以追切。遺，與也；惟季切。遺，從也。音隨，《詩》莫肯下遺。

1.113　巡，視行皃也；詳遵切。巡，沿也。音緣，《禮》終始相巡。

1.114　還，復也；戶關切。還，回也；音旋。還，繞也。戶串切，《禮》還市朝而爲道。

1.115　連，聯也；力先切。連蹇，難也；力善切，《易》往蹇來連。連，釋也。力旦切，《禮》説浴曰出杅，履蒯席，連用湯。

1.116　遒，迫也；自秋切。遒，地名也。音巡，淮南有逡遒縣。又似秋切。

1.117　近，邇也；其謹切。近，附也；其靳切。近，辭也。居例切[①]，《詩》往近王舅。

1.118　造，爲也；昨早切。造，至也。七到切。

---

① 例，畿本作“利”。

1.119　遁，逃也；徒困切。遁，逡巡也。似遵切，《禮》逡遁避位。

1.120　達，通也；唐葛切。達，羊子也。土達切，《詩》先生如達。

1.121　選，數也；蘇管切。選，擇也；息兗切。選，任也。息戀切。

1.122　適，之也；施隻切。適，正也；丁歷切[①]。適，匹也；徒滴切，《禮》大夫計於同國適者。適，過也。張革切，《詩》勿予禍適。又直革切。

○彳 丑亦切

1.123　御，使馬也；牛倨切。御，止也；音禦。御，迎也。音迓，《詩》百兩御之。

1.124　徼，邊也；古弔切。徼，邀也。古堯切，《禮》小人行險以徼幸。

1.125　復，返也；房六切。復，白也；甫六切。復，再也。扶又切。

1.126　德，心所蘊也；多則切。德，置也。陟利切，《禮》立容德，鄭康成曰：如有序也[②]。

○廴 余忍切

1.127　建，立也；居萬切。建，閉也。其展切，《禮》倒載干戈包以虎皮曰建櫜，鄭康成讀。又其偃切。

○行 戶庚切

1.128　行，步趨也；戶庚切。行，列也；胡剛切。行，人所施也；下孟切。行行，剛彊也。戶浪切，《論語》子路行行。

1.129　衡，行也；魚舉切。彭衡，宋地也；音牙，《春秋》戰于彭衡。衡，迎也。音迓，鄭康成說《禮》：逆衡還之。

---

① 歷，本作"厤"，畿本作"麻"
② 序，畿本作"子"。

1.130　衎，信言也；苦但切。衎，樂也。苦旦切，《詩》式宴以衎。

1.131　術，道蔬也；食聿切。術，行道也。音遂，《禮》端徑術。

○牙<small>五加切</small>

1.132　牙，牡齒也；五加切。牙，車輮也。五駕切，《禮》牙也者，以爲固抱也。

○足<small>即玉切</small>

1.133　踆，退也；七旬切。踆，逆躐也。徂尊切，《春秋傳》逆而踆之。

1.134　蹲，聚也；才丸切，《春秋傳》蹲甲而射之，鄭康成讀。蹲，踞也；徂尊切。蹲蹲，舞也。七巡切，《詩》蹲蹲舞我。

1.135　踦，倚立也；於綺切，《春秋傳》踦閭而語。又居履、於義二切。踦，足也。矩宜切，毛萇説《詩》蟏蛸長踦。又起宜、其宜、巨綺三切。

1.136　踐，履也；在淺切。踐，善也。音善，《禮》日而行事，則必踐之。

1.137　跛，足疾也；波我切。跛，偏任也。彼義切，《禮》立無跛。

1.138　踧踖，行謹也；子六切。踧踧，平易也。徒歷切[1]，《詩》踧踧周道。

1.139　跋，履也；蒲末切。跋，躐也。卜末切，《詩》狼跋其胡。

○干<small>古寒切</small>

1.140　干，盾也[2]，犯也；古寒切。干，野犬也；音犴，《禮》干侯以犴皮飾射也。干，禦也。户旦切，《詩》公侯干城，鄭康成讀。又音幹。

---

[1]　歷，幾本作“厤”。

[2]　盾，原譌作“循”。

○㕚①女滑切

　1.141　啇，國也；式良切，紂國都。啇，度也。音章，《書》我啇賚汝。又式良切。

○句古侯切

　1.142　句，曲也；古侯切。句，語止也；九遇切。句，張弓也；古候切，《詩》敦弓既句。句，屨端行戒也。音絇，鄭康成説《禮》：絇箸屨端以爲行戒。

○丩居蚪切

　1.143　糾，繩也；居黝切。糾，窈糾也。其趙切，《詩》舒窈糾兮，傳曰：舒之姿也。

○言語軒切

　1.144　言，語也；語軒切。言言，和恭也。魚巾切，《禮》二爵而言言斯。

　1.145　諦，審也；都計切。諦，呼也。音啼。

　1.146　訌，潰也；户工切，《詩》蟊賊内訌。訌，爭訟相陷入之言也。古紅切，《詩》蟊賊内訌，鄭康成讀。

　1.147　訏，詭也，嗟也；况于切。訏訏，大也。况甫切，《詩》川澤訏訏。

　1.148　訢，喜也；音忻。訢合，烝也。許其切，《禮》天地訢合。

　1.149　論，議也；盧昆切。論，議言也；力閟切。論，理也。音倫，《禮》凡制五刑必明天論。

　1.150　調，和也；徒遥切。調，和適也；徒杏切。調，朝也。陟留切，《詩》愻如調飢。

---

① 㕚，原作"冋"，畿本作"㕚"。

1.151　謙,恭也;苦兼切。謙,慊也。苦簟切,《禮》如惡惡臭,如好好色,此之謂自謙,鄭康成説:謙爲慊慊,厭也,厭謂閉藏兒。

1.152　許,聽也;虛吕切。許許,柿兒也。呼苦切,《詩》伐木許許。

1.153　諒,信也;力讓切。諒,梁也。吕張切,謂楣梁,《禮》高宗諒闇,鄭康成讀。

1.154　詘,辭塞也;區勿切。詘,聲止也。其勿切,《禮》説玉叩之聲清越而長,其終詘然樂也。

1.155　説,釋也;失拙切。説,怡也;音悦。説,舍也;音税。説,解也;吐活切,《易》用説桎梏。悦,悦也。如鋭切,《禮》國君過市則刑人赦,鄭康成曰:市者人之所交利而行刑之處,君子無故不游觀焉,若游觀則施惠以爲説也。又如字。

1.156　識,知也;施力切。識,記也;音志,《禮》仲尼曰:小子識之。識,旌也。申志切,杜預説《春秋傳》楚以茅爲旌識。又音志。

1.157　信,言契也;息晉切。信,舒也。失人切,《易》屈信相推。

1.158　譖,讒也;莊蔭切。譖,不信也。子念切,《詩》朋友已譖。

1.159　訾,毁也;將此切。訾,思也。子斯切,《禮》不訾重器。

1.160　請,告也;七井切。請,問也。音情,《昏禮》請期。

1.161　訓,教也;虛愠切。訓,告也。音馴,《周官》有土訓,謂以遠方土地所生異物告道王也,鄭衆讀。又如字。

1.162　讎,仇也;市由切。讎,用也。市又切,《詩》無言不讎。又市由切①。

○音 於今切

1.163　竟,盡也;居慶切。竟,疆也。音境。

---

① 詩無言不讎又市由切,原作"詩又市無言不讎由切",幾本作"詩無言不讎又巿由切"。

○辛去虔切

1.164　童，幼也；徒東切。夫童，宋地也。音鐘，《春秋傳》會宋公于夫童。

○丵士角切

1.165　業，大版也，功也；魚怯切。業業，壯也。魚及、五盍二切，《詩》四牡業業。

○廾居竦切

1.166　卷，斂也；居苑切。卷，束名也；居戀切。卷，冠式也；起權切。卷，祭服也；音袞，《禮》三公一命卷。卷然，手容也；音拳，《禮》執女手之卷然。卷，髮起也；其言切，《詩》匪伊卷之，髮則有餘，沈重讀。卷遜，行謹也。去阮切，鄭康成說《禮》：再三舉足，謂志趨卷遜行也。

○虤普班切

1.167　樊，藩也；附袁、方元二切。樊，馬帶也。步干切，《禮》樊纓十有再就。

○共渠用切

1.168　共，恭也；俱容切。共，持也，法也；九勇切。共，具也；居用切。共，同也。渠用切。

○昇羊諸切

1.169　與，授也；以呂切。與，及也；余倨切。與，辭也。羊諸切。

○革_{古覈切}

1.170　革，改也；古覈切。革，急也。紀力切，《禮》子之病革矣。又音極。

1.171　鞞，刀鞘飾也；必迥切，《詩》鞞琫容刀。鞞，鼓也。蒲卑切。

1.172　鞠，養也，推也；居六切。鞠藭，藥也；起弓切，《春秋傳》有山鞠藭乎。鞠，酒本也。去六切。

○鬲_{郎激切}

1.173　鬲，鼎也；郎激切，《爾雅》鼎款足謂之鬲。鬲，陶器也；古厄切，《禮》有重鬲。鬲，轅端軛也。於革切，《禮》鬲長六尺，在轅端厭牛領。

○鬻_{郎激切}

1.174　鬵，脽也；古行、戶庚二切。不鬵，楚地也。音郎，《春秋傳》城不鬵，按正義鬵脽亦有郎音，《魯頌》《楚辭》《急就篇》以房、漿、康爲韻是也，然則地名多以郎爲音。

1.175　粥，䭈也；之六切。粥，賣也。音育，《禮》不粥於市。

1.176　鬻，䭈也；之六切。鬻，賣也；音育。鬻，稺也。居六切，《詩》鬻子之閔斯，徐邈讀。又由六切。

○爪_{側狡切}

1.177　孚，信也；芳無切。孚尹，玉德也。音浮，《禮》說玉德曰：孚尹旁達信也。

○又_{于救切}

1.178　取，求也；七庾切。取，納女也；音娶，《禮》取於異姓。取慮，縣也。七由切，杜預曰：下邳有取慮縣。

1.179　叟，老稱也；蘇走切。叟叟，淅聲也。音搜，《詩》釋之叟叟。

1.180　度，揆也；大各切。度，法制也；徒故切。度，居也。音宅，《書》分命和仲，度西曰柳穀，鄭康成讀。

1.181　曼，引也；無販切。曼戎，人也。音蠻，《春秋傳》戎曼子。

1.182　尹，正也；以準切。孚尹，玉德也。音筠。

1.183　反，覆也；府遠切。反反，順習皃也。蒲板切，《詩》威儀反反，鄭康成讀。又音販。

○**大**臧可切

1.184　卑，賤也；補移切。卑，下也；便俾切，《詩》謂山蓋卑。卑諶，鄭人也；婢支切，鄭康成曰：卑諶艸創之。卑居，鷽斯也；音匹。又必移切。卑，與也。必利切，《禮》鄭康成引律弃妻卑所賚。又婢支切。

○**聿**尼輒切

1.185　肅，敬也；須逐切。肅肅，聲也。所六切，《詩》肅肅其羽。

群經音辨卷第二

朝奉郎尚書司封員外郎直集賢院兼天章閣侍講輕車都尉賜緋魚袋臣賈昌朝　撰

辨字同音異

殳市朱　殺所八　寸倉困　攴普木　教古孝　卜博木
用余訟　爻胡茅　焱力几　目莫六　眉模悲　盾食閏
白疾二　羽玉矩　隹職追　奞息遺①　瞿九遇　鳥都了
烏汪胡　丝於蚪　叀職緣　予以諸　放甫妄　歺五割
死息姊　肉如六　刀都牢　角古岳　竹陟玉　丌居之
左側箇②　工古紅　珡知衍　甘古三　曰王伐　可肯我
兮胡稽　亏羽俱　喜虛里　壴中句　豈丘里③　皿母永
血呼決　青倉經　皂皮及　食乘力　人秦入　倉七剛
入人汁　缶方九　矢式視　冂古熒　㒼許兩　导胡口
富滂逼　來洛哀　夊楚危　韋宇非　久舉友　桀渠列
木莫卜　才昨哉　出尺律　宋普活　丞是爲　華戶瓜
稽古兮　巢鉬交　櫜胡本　囗羽非

---

① 遺,正文作"進"。
② 側,正文作"則",澤存堂本作"則"。
③ 丘,正文作"邱"。

○殳市朱切

2.001　殽，相雜錯也；胡茅切。殽，法也。音效，《禮》政必本於天殽以降命。

2.002　段，推物也；徒玩切。段，冶金也。音鍛，《禮》段桃謂攻金之工也。

2.003　殿，擊聲也；徒鍊切。殿，鎮也；都見切，《詩》殿天子之邦。殿屎，呻吟也。音坫，《詩》民之方殿屎。又都練切。

○殺所八切

2.004　殺，戮也；所八切。殺，降也。士介切。

2.005　鎩，治角也；所八切，《禮》凡相角秋鎩者厚。又色例切。鎩，薄也。色介切，《禮》凡爲防其鎩三分去一。

○寸倉困切

2.006　專，特也；職緣切。專，圜也。徒專切[①]，《詩傳》敦猶專專也。

2.007　將，領也；子良切。將，帥也；子匠切。將，請也；七羊切，《詩》將仲子兮。將，牝羊也；音牂，《禮》取羊若將。將，雜也。音陽，《禮》伯用將，鄭衆讀。又如字。

○攴普木切

2.008　敦，厚也；都屯切。敦，團也；音團，《詩》有敦瓜苦。敦，器也；都隊切，《禮》珠盤玉敦。敦，獨皃也；都回切，《詩》敦彼獨宿。敦，邱一成也；音頓，《爾雅》邱一成爲敦邱。敦，覆也；音燾，《禮》每敦一几。又音熹。渾敦，四凶

---

① 專，畿本作"耑"。

之一也；徒本切，《春秋傳》渾敦投諸四裔。敦，畫也。音彫，《詩》敦弓既句。

2.009　攸，所也；以求切。攸，縣危也。以帚切，《春秋傳》湫乎攸乎。

2.010　數，計也；色主切。數，計目也；尸故切。數，屢也；色角切。數，迫也；音促，《禮》數目顧脰。又粗角切。數，疾也。音速，《禮》衞音趨數煩志。

2.011　政，正也；之盛切。政，稅也。音征，《禮》聽政役以比居。

2.012　斁，厭也；羊益切。斁，敗也；多路切，《書》彝倫攸斁。又同路切。斁，塗也。音徒，《書》惟其斁墍茨。又同路切。

2.013　徹，通也；丑列切。徹，去也。直列切。

2.014　敕，施也；音塵。敕，列也。直刃切。

2.015　斂，收也；力檢切。斂，聚也；力驗切。斂盂，衞地也。音廉，《春秋傳》盟于斂盂。又力檢切。

○敎 古孝切

2.016　斅，覺也；胡覺切。斅，教也。音效，《書》惟斅學半。

○卜 博木切

2.017　占，視兆問也；職廉切。占，固也。之豔切。

○用 余訟切

2.018　甫，男子美稱也；方矩切。甫，鄭田也。布古切，《詩》東有甫艸。

○爻 胡茅切

2.019　爻，交也；胡茅切。爻，效也。胡孝切，《易》爻法謂之坤。今文作效。

2.020　希，罕也，冀也；許依切。希，刺也。陟里切，《禮》有希冕。

○炎 力几切

2.021　爾,汝也,辭也;兒氏切。爾,華盛也。乃禮切,《詩》彼爾維何,維常之華。

2.022　爽,明也;疎兩切。驫爽,駿馬也。色莊切,《春秋傳》有兩驫爽馬。

○目 莫六切

2.023　睢,宋水也;息遺切。睢,仰目也。香維切,王弼説《易》睢盱而豫。

2.024　盲,目無牟子也;莫耕切。盲,引視也。音望,《禮》盲豕視而交睫腥。

2.025　眼,目也;五限切。眼,出大兒也。魚懇切,《禮》望其轂飲其眼也。

○眉① 模悲切

2.026　省,減也;所景切。省,視也。昔井切。

○盾 食閏切

2.027　盾,干也;食閏切。趙盾,晉人也。徒損切,《春秋傳》晉大夫趙盾。

○白 疾二切

2.028　百,數也;博陌切。百,勵也。莫百切,《春秋傳》曲踊三百。

○羽 玉矩切

2.029　羽,鳥長毛也;玉矩切。羽,緩也。音户,《禮》弓而羽鐧末應將

---

① 眉,原作"睂"。

發，鄭康成讀。

　　2.030　翁，頸毛也；烏東切。翁翁，色也。烏動切，鄭康成説《禮》：益齊益翁也，酒成而翁翁然葱白色。又於勇切。

　　2.031　翟，山雉也；音狄。陽翟，許地也。音宅。

○隹職追切

　　2.032　雅，正也；五假切。君雅，周臣也。音牙，《禮》引《書》君雅。

　　2.033　難，艱也；奴干切。難，卻也。乃多切，《禮》季冬始難毆疫。

　　2.034　雍，和也；於容切。雍，周地也；於仲切。雍，塞也。音壅，《禮》雍氏掌溝池之禁。

　　2.035　雜，錯也；才合切。雜然，衆意也。七合切，何休説《春秋傳》雜然助之。

○奞息進切[①]

　　2.036　奪，失也；徒活切。奪，莒地也。音兑，《禮》齊莊公襲莒于奪。

○瞿九遇切

　　2.037　瞿，視也；九遇切。瞿，戟也；音懼，《書》執瞿。又其俱切。瞿瞿，憂悼也。其俱切，《禮》既殯瞿瞿，如有求而不得。

○鳥都了切

　　2.038　鳥，羽族也；都了切。鳥，海曲也。當老切，《書》鳥夷。

　　2.039　鶉，鷻屬也；常倫切。鶉，鵰也。徒丸切，《詩》匪鶉匪鳶。

---

① 進，卷首部目作“遺”。

2.040　鵰，隼屬也；都聊切。鵰，鳩也。陟交切，杜預説《春秋傳》鶻鳩謂鶻鵰。又陟留切。

2.041　鷂，鸇屬也；以照切。鷂，雉也。音遥，《爾雅》雉青質五彩者。

2.042　鵠，鴻屬也；胡毒切。鵠，小鳥也。古毒切，鄭康成説《禮》：大射設鵠，鵠小鳥射之難中，中爲儁，故畫於侯焉。

2.043　鳩，鶻鵰也；居求切。鳩，解也。音矛，《春秋傳》庶有鳩乎。今文作矛。

○烏汪胡切

2.044　於乎，歎辭也；音烏。於，往也。央居切。

○丝於蚪切

2.045　幾，微也；居依切，《易》幾者動之微。幾，及也；音冀，《春秋傳》庸可幾乎。幾，近也。渠希切。

2.046　幽，隱也；伊蚪切。幽，黑也。音黝，《禮》士緇紘幽衡。

○叀職緣切

2.047　叀，本也；都計切。叀，礙不行也。陟利切，《詩》載叀其尾。

○予以諸切

2.048　予，我也；以諸切。予，推與也。以主切。

○放甫妄切

2.049　放，逐也；甫妄切。放，效也。敷罔切。

2.050　敖，出游也；五刀切。敖，慢也。音傲，《禮》敖不可長。

○**歺**五割切

2.051　殉，從死也；辭閏切。又辭荀切。殉，循也。似遵切，鄭康成説《禮》：環人主令殉環守之。

○**死**息姊切

2.052　薨，公侯殂也；呼肱切。薨薨，衆也。呼萌切，《詩》度之薨薨，沈重讀。

○**肉**如六切

2.053　肉，胾也；如六切。肉，肥也；而救切，《禮》寬裕肉好之音作而民慈愛。肉，豐也。而樹切，《禮》豐肉而短。又如字。

2.054　脾，土藏也；婢支切。脾，股也。卜爾切，《春秋傳》達于右脾。又步啟切。

2.055　胥，相也；相居切。胥，才知之稱也；息吕切。又相居切。扶胥，木兒也；音疏，《詩傳》扶胥小木。又相居切。胥，蟹醢也。音素，鄭康成説《禮》：青州之蟹胥。又相居切。

2.056　肫，豕也；音豚。肫，全也；音純，《禮》魚十有四腊一肫。肫，懇誠也。之淳切，《禮》肫肫其仁。

2.057　脩，脯也，理也；息流切。脩，中尊也。羊九切，《禮》廟用脩。又音由。

2.058　膴，大臠也，無骨腊也；火吾切，《禮》加膴祭於其上，又《禮》有膴判。亦冈武切。膴，夾脊肉也；凶武切，《禮》脩刑膴胖。又火吾切。膴，厚也；亡古切，《詩》則無膴仕。膴，法也。音模，《詩》民雖靡膴。又武、無二音。

2.059　背，脊也；補內、甫載二切。背，違也。薄內切。

2.060　肺，金藏也；芳味切。肺，腊也；緝美切，《易》噬乾肺。肺肺，盛也。普貝切,《詩》其葉肺肺。又蒲貝切。

2.061　臑,肱骨也;乃報切,《禮》肩臂臑。臑,烹也。音而,鄭康成説《禮》:以腥魚爲俎,不臑熟之。

2.062　脱,解也;吐活切。脱脱,舒遲也;惕外切,《詩》舒而脱脱兮。脱,壞斷也。音奪,鄭康成説《禮》:編簡爛脱。

2.063　脊,背肉也;子亦切。脊,肉骨也。音漬[①],《禮》除骴。舊本作脊。又在益切。

2.064　膊,磔也。普各切,《春秋傳》膊諸城上,謂磔人如膊脯[②]。

2.065　脢,心上口下也;音枚,《易》咸其脢。又音每。脢,脊肉也。音灰,《易》咸其脢,王肅讀。

○**刀**都牢切

2.066　創,傷也;測良切。創,始也;測亮切。創,佩玉聲也。七良切。

2.067　剽,表徽識也;普遥切,鄭康成説《禮》:剽表謂徽識。又方遥切。剽,輕也,劫也。匹妙切。

2.068　劉,殺也;力求切。劉,好也。力九切,《詩》佼人劉兮。今作懰。

2.069　副,倅也;敷救切。副,判也。普逼切,《禮》副辜謂磔牲以祭。

2.070　列,分也;力薛切。列,田畤也。禄計切,《禮》以列舍水。

2.071　削,析也;析爵切。削,刀室也;私妙切,《禮》刀削授拊。削,家田也。所教切,《禮》家削之賦。又所召切。

2.072　辨,判也;蒲限切。辨,別也;蒲莧切。辨,損也;補敏切,《禮》立容辨。辨,旋回也。音片,《爾雅》過辨回川。

○**角**古岳切

2.073　角，獸角也；古岳切。角，木音也。音鹿，《禮》黃鍾爲角。又如字。

2.074　衡，橫木也；户庚切。衡，橫也。胡觥切，《禮》金勺衡四寸。古多借衡爲橫。

2.075　觳，器也；音斛，《禮》鬲實五觳。觳，折牲體也。苦角切，鄭康成説《禮》：臑若脯胳，觳之折以大夫之餘體。又户角切。

2.076　解，判也；工買切。解，散也；户買切。解，惰也。音懈。

○**竹**陟玉切

2.077　竹，冬生艸也；陟玉切。竹，篇竹也。敕六切。

2.078　籠，樊也；魯東切。籠，賣也。力孔切，包氏説《論語》賣，土籠。

2.079　竿，竹梃也；古寒切。竿，笴也。古旦切，郭璞説《爾雅》以爲箭竿字。

2.080　箾，簫也；息遥切，《春秋傳》季札見舞韶箾者。箾，竿也。色角切，《春秋傳》見舞象箾，謂舞所執者，《説文》以爲竿。

2.081　筍，竹萌也；息尹、于貧二切。筍，竹筬輿也。私閏切，《春秋傳》齊人歸公敖之喪筍將而來。

2.082　簿，曲也；步各切，謂蠶曲。簿，籍也。旁路切。

2.083　簪，笄也；側林、子參二切。簪，疾也。祖感切，《易》朋盍簪，王肅讀。又側林切。

2.084　箸，顯也；陟慮切。箸，置也；陟略切。箸，附也；直略切。箸，莢也。直慮切。

2.085　節，約也；子列切。節，高峻也。在結切，《詩》節彼南山。

2.086　管，斷竹也；古緩切。管，館也。音管，《禮》管人布幕。古作官。又古緩切。

○丌 _{居之切}

2.087　其，閒辭也；渠姬切。其，助辭也。居宜切，《詩》夜如何其。

2.088　典，常也；多殄切。典，堅刃皃也。徒典切，鄭康成説《禮》：顅典，堅刃皃。又惕殄切。

○左 _{則簡切}①

2.089　差，擇也；尺佳切，《詩》穀旦于差。差，貳也；斥加切，又初佳切。差，等也；楚介切。差，浙也；七何切，《禮》御者差沐於堂上。參差，不齊也；尺脂切，又初佳切；差，瘥也。音嗟，《詩》穀旦于差。

○工 _{古紅切}

2.090　式，法也；舒力切。式，惡也。音慝，《詩》式勿從謂。

○辵 _{知衍切}

2.091　塞，窒也；思則切。塞，報也。音賽，鄭康成説《禮》：都宗人，國有大故令禱祠，既祭反命祭謂報塞。

○甘 _{古三切}

2.092　甘，土味也；古三切。甘，樂飲也。户甘切。

○曰 _{王伐切}②

2.093　曷，何也；胡葛切。曷旦，夜鳴求旦鳥也。苦割切。

---

① 則，卷首部目作"側"。
② 王，原作"古"，據畿本改。

○**可**肯我切

2.094　奇，異也；巨宜切。奇，不耦也；居宜切。奇，依也；音依[1]，《易》參天兩地而奇數。奇，不正也。去宜切，《禮》國君不乘奇車。又居宜切。

○**兮**胡稽切

2.095　乎，語之餘也；户吳切。於乎，歎辭也。音呼。

○**亏**羽俱切

2.096　亏，於也；羽俱切。亏，爲也。羽危切，《禮》在職亏賄，鄭康成讀。

2.097　平，均也；蒲兵切。平平，辯治也；婢延切，《詩》平平左右。平，使也。補耕、普耕二切，《書》平來以圖。

○**喜**虚里切

2.098　喜，樂也；虚里切。喜，心所悦也；虚記切，《易》六五之吉有喜也，徐邈讀。末喜，桀后也；音嬉，《春秋傳》夏以末喜。喜，酒食也。音饎[2]，《詩》田畯至喜。

○**壴**中句切

2.099　嘉，美也；古牙切。嘉樂，佳樂也。户嫁切，《春秋傳》公賦嘉樂。

2.100　彭，鼓聲也；蒲庚切。彭，旁也。步郎切，《易》匪其彭，无咎。

---

① 倚，畿本作“依”。

② 饎，原誤作“嬉”。

○豈邱里切[①]

2.101　豈，曷也；邱里切。豈，樂也。音愷，《詩》孔燕豈弟。

○皿母永切

2.102　盛，大也；承正切。盛，黍稷在器也。音成。

2.103　盍，何不也；胡閣切。盍旦，夜鳴求旦鳥也。苦曷切，《禮》相彼盍旦。又苦蓋切。

○血呼決切

2.104　衂，憂也；辛聿切。衂，玉采也；音瑟，《詩》衂彼玉瓚，鄭康成讀。衂勿，搔摩也。蘇沒切，《禮》國中以策篲衂勿。

○青倉經切

2.105　青，東方色也；倉經切。青青，葉茂也。子零切，《詩》其葉青青。

○皂皮及切，又許良切

2.106　旣（既），已也；居毅切。既，饋食也；許既切，《禮》既稟稱事，所以勸百工也。既，及也。其器切，《禮》既比則法。又斤乙切。

○食乘力切

2.107　飽，厭也；博巧切。飽，裹也。音苞，杜子春説《禮》租飽，茅裹肉也。

○人秦入切

2.108　舍，居也；始夜切。舍，放也；音捨，鄭康成説《禮》：施舍，謂不給

---

① 邱，卷首部目作"丘"，澤存堂本作"丘"。

縣役也。舍，置也。音釋，《禮》春入學舍菜。

2.109　合，閉也；户閤切。合，并也；古盍切。合，浹也。音洽，《禮》春液角則合。

○**倉**七剛切

2.110　倉，穀藏也；七剛切。倉，喪也。音創，《詩》倉兄填兮。

○**入**人汁切

2.111　内，中也；奴對切。内，入也；音納，《禮》内金示和。内，所以入鑿者也。如説切，鄭康成説《禮》：調其鑿内而合之。

○**缶**方九切

2.112　缺，破也；苦穴切。缺，冠後也。音頍，鄭康成説《禮》：首絰象緇布冠之缺項。又屈絹切。

○**矢**式視切

2.113　躲(射)，發弓弩矢也；神夜切。射，指的命中也；神亦切。無射，律也；音亦，《禮》季秋之月，律中無射；僕射，官也。音夜，古者尚武，故以射命官，後語轉爲此音。

○**冂**古熒切

2.114　央，久也，中也；於良切。央央，鮮明也。音英，《詩》旂旐央央。

○**㐭**許兩切

2.115　亨，嘉之會也；許庚切。亨，瀹也；普庚切，《禮》内饔掌割亨。又普孟切。亨，獻也。許兩切。

○罧胡口切

2.116　罨，長味也；徒南切。罨，利也。音剡，《詩》以我罨耜。又以廉切。

○畐滂逼切

2.117　良，善也；吕張切。方良，木石之怪也。音兩，《禮》方相氏毆方良。

○來洛哀切

2.118　來，至也；洛哀切。來，撫安也；音賚，《詩序》萬民離散，不安其居，而能勞來，還定安集之。來，賜也。力之切，《禮》來女孝孫。又力代切。

○夊楚危切

2.119　夏，大也；胡雅切。夏，木也。古雅切，《禮》夏楚二物收其威也。

2.120　致，至也；陟利切。致，密也。直吏切，《詩傳》鹽不攻致也。

○韋宇非切

2.121　韋，皮也；宇非切。韋，違行也。音回，《書》薄韋燮父。

○久舉友切

2.122　久，緩也；舉友切。久，塞也。居祐切，《禮》冪用疏布久之。

○桀渠列切

2.123　桀，磔也；渠列切。桀桀，驕也。居竭切，《詩》維莠桀桀。又居謁切。

○木莫卜切

2.124 棣，杉也；徒帝、大内二切。棣棣，威儀閑習也。音代，《詩》威儀棣棣。又徒帝切。

2.125 柂，架也；弋支切，《禮》不同柂架。柂，落也。池尒切。

2.126 枝，木別生條也；章移切。枝，分也。其宜切。

2.127 樞，户軸也；昌朱切。樞，荃也。烏侯切，榆別名，《詩》山有樞。

2.128 桴，木皮也；方于切，《詩》箋：附木桴。桴，擊鼓木也。縛謀切，《禮》土鼓蕢桴。

2.129 柎，側骨也；方輔切，《禮》於挺臂中有柎焉。柎，足也；甫無切。榆柎，古醫也。音附，鄭康成説《禮》：岐伯、榆柎皆古之善醫。

2.130 枯，槀也；苦孤切。枯，山榆也；音姑，《易》枯楊生稊，鄭康成讀。枯，木也。音户，鄭康成説《禮》：肅慎氏貢枯矢。今文作楛。

2.131 栽，植也；祖才切。栽，築板也。才代切，《春秋傳》水昏正而栽。又音再。

2.132 條，桑枝落也；暢遥切，《詩》蠶月條桑。條，小枝也；徒彫切。條，除也；音滌，《周官》有條狼氏。條，纓飾也。音絛，《禮》革路龍勒條纓五就，鄭康成讀。

2.133 橋，水梁也；其驕切。橋，枯也。音槁，《詩》山有橋松。

2.134 梗陽，晉地也；古杏切。梗，禦也。音亢，《禮》招梗檜禳。又古猛切，亦音更。

2.135 枹，叢木也；必茅切，《詩傳》樸枹木。枹，擊鼓杖也。音桴，《春秋傳》右援枹而鼓。

2.136 枳，橘屬也；音止，《禮》橘踰淮而北爲枳。枳，木也。居氏切，鄭康成説《禮》：淩椇，椇，枳椇也。

2.137　梢，木也；所交切。梢，水漱齧也。息遥切，鄭康成説《禮》：梢溝，水漱齧之溝。

2.138　桃，果也；徒刀切。桃，歊也。弌高切，《禮》二手執桃，桃枋以挹涪。

2.139　槎，枯木也；仕加切。槎，衺斫也。士雅切，《春秋傳》山不槎。

2.140　杷，枋也；補訝切。杷，收麥器也，枇杷木也。白加切。

2.141　橫，東西也；户觥切。橫，闌木也；古曠切，鄭康成説《禮》：厳俎，謂中足爲橫距之象。橫，彊也。華孟切，杜預説《春秋傳》季氏彊橫。

2.142　榮，桐木也；永兵切。榮，屋栭兩耑起者也。音營，《禮》升自東榮，鄭衆讀。

2.143　休，美也；虚虯切。休，止也；許求切。休，煦也。音煦，《禮》夫角之本蹙於削而休於氣。

2.144　杼，機之持緯者也；直吕切。杼，栩也。食汝切，《詩傳》栩杼也。又治與切。

2.145　槁，枯也；苦老切。槁，勞也。音犒，《周官》有槁人。

2.146　杜，赤棠也；徒古切。杜蒯，晉人也。音屠。又如字。

2.147　果，木實也；古火切。果，酌曑也；音祼，《禮》大賓客則攝而載果。果，東甌也。魯火切，《禮》東甌曰果屬。

2.148　枸檵，杞也；古厚切，《詩傳》杞，枸檵。枸，枳枸也。俱甫切，《詩》南山有枸。

2.149　椹，質也；知林切，《禮》王弓、弧弓以授射，甲革椹質。椹，桑實也。食荏切。

2.150　校，木囚也；古孝切。校，疾也；古飽切，《禮》毄兵同彊，舉圍欲細，細則校，鄭康成讀。又侯巧切。校，几足也；苦交切，《禮》拂几授校。又户交、胡飽二切。校，木闌也。户教切，以木爲闌格曰校，故凡居處有闌衞皆謂之校。

2.151　檐，荷也；都濫切，《詩》箋：檐負天之多禄。檐，屋梠也。以占切，《春秋傳》壞廟之道易檐可也。

2.152　柄，柯也；彼病切。柄，持也。音秉，《禮》大臣柄權於外。

2.153　柚，持繒者也；直六切。柚，橘屬也。由究切。

2.154　梏，手械也；古沃切。梏，大也。古岳切，《詩》有梏德行，四國順之。

2.155　桎，足械也；之實切。桎，礙也。張履、之實二切。

2.156　柴，薪蒸也；士皆切。柴，積也。子賜切，《詩》助我與柴。又才寄切。

2.157　樸，木素也；普角切。樸，枹木也；音卜，《詩》棫樸。樸屬，附箸堅固也。蒲木切，《禮》凡察車之道，欲其樸屬而微至。

2.158　樂，五聲八音總名也；五角切。樂，悦也；盧各切。樂，欲也；五教切。樂，治也。音療，《詩》泌之洋洋，可以樂飢。

2.159　椑，棺也；蒲歷切①。椑，隋圜也。薄兮切，《禮》句兵椑。

2.160　格，至也；古伯切。扞格，堅也。户白切，《禮》時過然後學，則扞格而不入。

2.161　杓，挹器也；市各切。杓，枋也。甫招切，鄭康成説《禮》：招摇星在北斗杓端。又必遥切。

2.162　椁，葬之木椁也；音郭。椁，器也。宅耕切，鄭康成説《禮》：用金石作槍雷椎椁之屬。

2.163　柞，木也；在洛切。柞，除木也。側伯切，《詩》載芟載柞。

2.164　極，中也；其力切。極，誅也。音殛，《詩》後予極焉。

2.165　植，立也；承力切。植，樹也；除力切，鄭康成説《禮》：植日虞。又值、置二音。植，蠶槌也；直吏切。植，置也。音置，《書》植璧秉珪。又食力切。

---

① 歷，原作“歴”，畿本作“厤”。

2.166　彙,類也;音胃。彙,美也。古偉字。

2.167　橈,曲也;乃敎切。橈,動也。乃飽、呼勞二切。

2.168　槷,危也;五結切。槷,椴也。蘇結切。

○才昨哉切

2.169　才,能也;昨哉切。才,始也。音載。

○出尺律切

2.170　出,進也;尺律切。出,去也。音黜,《春秋傳》何故出君。

○米普活切

2.171　索,糾繩也;蘇各切。索,盡也,求也。史伯切[①]。

○巫是爲切

2.172　垂,俯也;是爲切;垂,古之巧工也。音瑞,鄭衆說《禮》:垂之竹矢。又常隹切。

○夢户瓜切

2.173　華,榮也;户瓜切。華,艸木之夢也;呼瓜切。華,西嶽也;胡化切。華,不正也。苦蛙切,《禮》形方氏掌王封疆,無有華離之地。

○稽古兮切

2.174　稽,留也,考也;古兮切;稽首,拜首至地也。康禮切。

———————————

① 史,原譌作“吏”。

○巢鉏交切

2.175　巢,鳥居木也;鉏交切;南巢,國也。吕交切。又鉏交切。

○橐胡本切

2.176　橐,囊也;他各切。橐皋,淮南地也;章夜切,《春秋傳》哀公會吳于橐皋。又音託。橐蘆,草可染者也。音妒,鄭康成説《禮》:染艸之物,茅蒐橐蘆豕首紫苑之屬。

○囗羽非切

2.177　團,圜也;度官切。團,柩車也。市專切,《禮》團車。又市轉切。

2.178　回,曲也;户恢切;回,繞也。胡猥切,《春秋傳》右回梅山。又如字。

群經音辨卷第二　　譚瑩玉生覆校

群經音辨卷第三

朝奉郎尚書司封員外郎直集賢苑兼天章閣侍講輕車都尉賜緋魚袋臣賈昌朝　撰

辨字同音異

員王權	貝補昧	邑於汲	甿胡絳	日人實	𠚕於懺
冥莫經	晶子盈	月魚厥	有云九	明模兵	囧俱永
夕祥易	毌古丸	鹵徒遼	厽徂兮	禾戶戈	米莫禮
臼其九	宀母延	穴胡決	广女庀	冃莫報	网吻紡
巾居銀	白旁陌	人如鄰	匕卑履	从疾容	比毗至
北博墨	丘去鳩	氶魚音	壬他鼎	肙於機[①]	衣於稀
老魯皓	毛莫襃	尸式脂	尾無斐	舟職流	方府良
儿如鄰	兄許榮	兒莫教	見古甸	欠去劍	次敘連
頁胡結	県古堯	須相俞	夕所銜	文無分	髟必彫

○員王權切

3.001　員，物數也；王權切。員，語辭也；音云，《詩》聊樂我員。員，姓也。王問切。

---

① 肙，一本作失人切。

○貝補昧切

3.002　貝，水蟲也；補昧切。貝，覆也。音敗，《易》億喪貝，荀爽讀。

3.003　賁，飾也；彼義切。賁，文章也；音班，即古班字。賁，勇也；音奔，《周官》有虎賁氏。賁，覆敗也；音奮，《禮》賁軍之將。賁，怒氣充實也；音憤，《禮》廣賁之音。賁渾，戎也；音陸，《春秋傳》楚子伐賁渾之戎。苗賁皇，晉人也。扶云切。

3.004　費，散財也；芳未切。費，佹也；扶弗切，《禮》君子之道費而隱。費，魯地也；彼義切。費，姓也。扶未切。

3.005　質，形也；之日切。質，物相贅也；陟二切，《春秋傳》周鄭交質。又之日切。質，執幣也。音贄，《春秋傳》將奉質幣。

3.006　財，貨也，始也；音才。財，裁制也。才載切，《易》財成天地之道，徐邈讀。

3.007　賢，多才也；胡田切。賢，大穿也。胡甸切，《禮》五分其轂之長去一以爲賢，鄭眾讀。又如字。

3.008　貿，易也；音戀。貿，目不明也；音牟，《禮》貿貿然來。又音茂。貿戎，戎地。音茅，《春秋傳》王師敗績于貿戎。又音茂。

3.009　齎，嗟也；將池切，《易》齎咨涕洟。又將啼切。齎，行道之財用也；祖係切，《禮》共其財用之幣齎。又音咨。齎，瓠尊也；祖兮切，《禮》禜門用瓠齎。又音咨。齎，持遺也。子兮切。

○邑於汲切

3.010　祁，大也；渠支切；祁姓也。上支切，《春秋傳》晉趙盾車右祁彌明。

3.011　都，邑也；當孤切。都，畜水也。音瀦，《書》滎播既都，鄭康成讀。

3.012　邪，不正也；似嗟切。邪，語辭也；以嗟切。邪，緩也。音徐，《詩》其虛其邪。又音餘。

3.013　鄼，聚也；作管切，《禮》四里爲鄼。鄼，南陽縣也；作旦切。酇，沛縣也。在河切。

3.014　郭，虚域也；古博切。虢，國也；音虢，《春秋傳》虞郭見與。郭，大也。苦霍切，《詩》憎其式郭。今本作廓。

3.015　鄂，江夏縣也；五各切。堮，垠也。五格切，鄭康成説《禮》：井搉，謂緊地阱淺則設作鄂於其中。

○胡絳切

3.016　鄉，民封也；許良切。嚮，向也。音向。

○人實切

3.017　時，辰也，是也；是之切。塒，雞棲垣也。持理切，《詩》雞棲于塒。

3.018　昭，明也；音招，《詩》或音沼。昭，父列也。辰遥、式遥二切。

3.019　早，晨也；租艸切。草，柞屬也。音皁，《禮》辨五土之物。一曰山林植物宜早物，今文作阜。

3.020　暴，晞也；步卜切，《禮》幑氏練絲晝暴諸日。又步莫切。暴，急刻也；薄報切。瀑暴，器窳也。步角切，《禮》以火養其陰而齊諸陽，則轂雖敝不瀑暴。

3.021　昔，久也；思積切。腊，角麤理也。七各切，《禮》老牛之角紾而昔。

3.022　晉，國也；薦信切。鐏，矛下鐏也。音箭，《禮》廬人爲殳，參分之一以爲晉圍，鄭衆讀。又如字。

○於䞈切

3.023　游，泳也；以周切。斿，旌旗旒也。良周切，《春秋傳》鼛厲游纓。

3.024　旋，帀也；祥緣切。旋，鐘縣柄也。信犬切，《禮》鐘縣謂之旋。又如字。

○冥莫經切

3.025　冥，幽也；莫經切。冥，夜也；莫定切，《詩》噦噦其冥。冥，縻取也。音冪，《周官》有冥氏掌攻猛獸。又莫經切。

○晶子盈切

3.026　參，商星也；所金切，從晶省。參差，不齊也；楚金切。參，閒廁也；七南切。又音三。參，雜也。素感切，《禮》參七十干五十。

○月魚厥切

3.027　期，會也；渠之切。期，復也。音朞，周歲旦期，《禮》不能期月守，自旦至旦亦曰期。《春秋傳》旦而立期焉。

○有云九切

3.028　有，實也；云九切，謂有無之有。有，又也。音又，《禮》凡養老五帝憲三王有乞言。

○明①模兵切

3.029　明，照也；模兵切。明，都澤也。音孟，鄭康成説《禮》：青州藪曰望諸，望諸，明都也。

---

① 明，原作"朙"。

○囧俱永切

3.030　盟^①，歃血也；音明。盟津，洛北地也。音孟。

○夕祥易切

3.031　夢，寐也；莫鳳切。夢，曹地也。莫工切，《春秋傳》曹公孫會自夢出奔宋。

○毌古丸切

3.032　貫，穿也；音官。貫，事也；古亂切，《詩》三歲貫女。貫，習也。古患切，《春秋傳》貫瀆鬼神。

○卤徒遼切

3.033　栗，木也；力質切，《詩》樹之榛栗。栗，烈也。力薛切，鄭康成説《詩》：俶載讀如蓾栗之蓾。

○亝徂兮切

3.034　齊，等也；徂兮切。齊，莊也；側皆切。齊，和也；才細切。齊，升也；子奚切，《禮》地氣上齊。齊齊，恭也；子禮切，《禮》齊齊乎其敬也。齊，黍稷也，凶服裳下緝也；即夷切。采齊，樂章也；疾私切，《禮》趨以采齊。又才細切。齊，翦也。子淺切，《禮》馬不齊髦。

○禾戶戈切

3.035　移，徙也；以支切。移，廣也。音侈，《禮》主婦衣移袂。

3.036　秸，禾藁也；古八切。秸鞠，尸鳩也。音吉。又古八切。

3.037　秊，禾熟也；奴顛切。秊夫，周人也。乃定切，《春秋傳》天王殺其弟年夫。又如字。

3.038　稅，田租也；舒芮切。稅，總也。相銳切，《春秋傳》稅服終身，杜預曰：即總縷細而希，非五服之常。又吐外切。

3.039　耗，虛也；呼到切。耗，老也。音毛，《書》王耗荒，鄭康成讀。

3.040　穀，禾也；古木切。連穀，楚地也；胡木切，《春秋傳》及連穀而死。穀，乳也。奴走切，楚人語，《春秋傳》鬬穀於菟。

3.041　穫，刈也；胡郭切。焦穫，周地也。胡故切，《詩》玁狁匪茹，整居焦穫。

3.042　康，虛也，安也；苦剛切。康，置也。音坑，《禮》崇坫康圭。

○米莫禮切

3.043　粗，略也；在古切。粗，大也。七奴切，《禮》其器高以粗。

3.044　粢，黍稷也；音資。粢，酒也。才細切，《禮》粢醍在堂。

○臼其九切

3.045　函，匱也；胡緘切。函，容也；音含，《禮》席間函杖。函，小阱也。戶猯切。

○宀母延切

3.046　宛，屈也；於阮切。宛脾，兔醢也；於月切，《禮》兔爲宛脾，鄭康成讀。又於阮切。宛陵，鄭地也。於元、於阮二切。

3.047　寫，布也；悉也切。寫，去水也。殤故切，《禮》以澮寫水。又如字。

3.048　害，傷也；胡蓋切。害，何也。音曷，《詩》害澣害否。

3.049　向，北出牖也；許亮切，《詩》塞向墐户。向，國也。式亮切，《詩》以居徂向。

3.050　奥，室西南隅也；烏到切。奥，温也。於六切，《書》舒常奥若，何休讀。今本作燠。

3.051　定，安也；徒佞切。定，營室星也。丁佞切，《詩》定之方中。

3.052　宅，居也；滯伯切。宅，奠爵也；音妬，《書》三宅。又他各、知嫁二切。宅，懲艾也。知嫁切，《書》五流有宅，鄭康成讀。

3.053　甯，安也；奴丁切。甯母，高平亭也。音佞，《春秋傳》盟于甯母。

3.054　家，居也；音加。家，種也。音稼，《詩》好是家穡。今文作稼。

3.055　宴，安也；烏殄切。又烏練切。宴，享也。烏練切。

○穴 胡決切

3.056　空，虚也；苦工切。空，窮也①；苦貢切，《詩》不宜空我師。空，竅也。音孔。

3.057　窌，穿地也；古孝切，《禮》窌囷倉。又匹皃切。石窌，濟北地也。力救切，《春秋傳》予之石窌。又力到切。

3.058　竇，空也；田候切。竇，四瀆也。音瀆，鄭康成説《禮》：四竇者，五嶽之匹。

3.059　窴，室也；待年切。窴，久也。塵、珍二音。

3.060　窕，輕忽也；他彫切，《春秋傳》楚師輕窕。又他弔切。窈窕，幽閑也。徒了切，《詩》窈窕淑女。

3.061　窞，坎中坎也；徒坎切，《易》入于坎窞，王肅讀。窞，坎底也。陵感切，《易》入于坎窞，陸德明讀。

---

① 窮，畿本作"窮"。

3.062 突，出也；徒忽切。突，卒相見也。吐活切，《詩》突而弁兮。又吐訥切。

3.063 窒，塞也；張栗、得悉二切。窒皇，寢門闌也。大結切，《春秋傳》屨及於窒皇。

3.064 窮，極也；强弓切。鞠窮，容謹也。音弓，鄭康成説《禮》：孔子之執圭鞠窮如也。今本作躬。

○疒女厄切

3.065 瘵，病也；側界切。瘵，接也。音際。

3.066 癉，勞也；丁箇切，《詩》哀我癉人。又亶、旦二音。癉，瘍也。丁但切，《春秋傳》荀偃癉疽。

○冃莫報切

3.067 冒，蒙也；莫報切。冒，貪也。莫北切。

○网吻紡切

3.068 罷，止也；皮買切。罷，困也；音疲，《禮》嘉石平罷民。又蒲彼切。罷，判也。鋪逼切，《禮》以罷辜祭四方，鄭衆讀。又旁皮切。

3.069 置，設也；知吏切。置，樹也。音植，《詩》置我鞉鼓。亦如字。又音值。

3.070 羅，罔也；力多切。羅，被也。力之切。

3.071 罪，咎也；徂賄切，古作皐，从自、辛，今文作罪。罪，困也。音疲，鄭康成説《詩》：却迫罪役。

○巾居銀切

3.072 幬，帳也；池求切。幬，覆也。音燾，《春秋傳》天之無不幬。

3.073　幓，旍幅也；所銜切。幓，頭括髮也。七消切，鄭康成説《禮》云。

3.074　幅，布帛廣也；音福。幅，行縢也。音逼，所以自逼束，《春秋傳》帶裳幅舄。

3.075　幎，幔也；音冪，《周官》有幎人。幎，縈也。宛名切，《喪禮》幎目用緇，謂覆面者也。又某偏、彌邊二切。

3.076　幕，帷在上者也；模各切。幕，覆也。音覓。

○白旁陌切

3.077　白，西方色也；旁陌切。白，飾使光也。蒲霸切，《禮》共白盛之蜃。亦如字。

○人如鄰切

3.078　傭，賃也；音庸；傭，均也。敕躬切，《詩》昊天不傭。

3.079　依，倚也；於希切。依，斧文屏也。音扆，《禮》天子負斧扆。

3.080　俟，待也；音士。俟俟，行也。音矣，《詩》儦儦俟俟。又音士。

3.081　仇，讎也；巨鳩切。仇，酌也。音觓，《詩》賓載手仇。

3.082　侏儒，短人也；章俱切。侏，大也。陟朱切，鄭康成説《禮》：禂馬，禂今侏大字也。

3.083　倪，俾也；五奚切。倪，顧視也。五計切，鄭康成説《禮》：卜師辨龜左右，左左倪右右倪也。又五未切。

3.084　僬僥，短人也；齊堯切。僬僬，行容也。子妙切，《禮》庶人僬僬。

3.085　佗，彼也；吐何切。佗佗，美也。大何切，《詩》委委佗佗。

3.086　儺，行有節也；奴何切，《詩》佩玉之儺。猗儺，柔順也。乃可切，《詩》猗儺其枝。

3.087　倡，優也；尺良切。倡，始也。尺亮切。

3.088　傍，近也；步光切。傍傍，不得已也。布彭切，《詩》王事傍傍。

3.089　傾，仄也；去營切。西傾，雍州山也。窺井切，《書》西傾朱圉鳥鼠。

3.090　倚，依也；於綺切。倚，立也；其綺切，《易》參天兩地而倚數。倚，曲也；於奇切，《書》猗乃身。又於綺切。倚，不耦也。居宜切，《春秋傳》匹馬倚輪無反者。

3.091　俾，使也；必以切。俾倪，視也。普計切，杜預説《春秋傳》陴，城上俾倪也，謂城上小垣可依以候望。

3.092　僂，身上曲也；力主切。工僂，齊人也。呂候切。

3.093　偃，僵也；於幰切。偃，止水防也。於建切，《春秋傳》規偃豬。

3.094　假，借也，大也；干馬切。假，與也；古訝切。假，至也；庚白切，《易》王假有廟。假，遠也；音遐。假，嘉也。音暇，《詩》假樂成王。

3.095　仰，舉也；語兩切。仰，恃也；吾仗切。仰仰，威武也。五剛切，鄭衆説《禮》軍旅之容，闞闞仰仰。

3.096　咎，災也；其又切。咎繇，舜臣也。音皋。

3.097　偽，詐也；危睡切。偽，化也。音訛，《書》平秩南偽。

3.098　侗，稚也；音同。侗，痛也。通、桶二音。

3.099　伐，擊也；扶發切。伐伐，旆皃也。蒲害切，《詩》其旆伐伐。今文作茷。

3.100　傅，相也；方遇切。傅別，契也；符遇切，鄭康成説《禮》：傅別，謂爲大手書於札中，字別之以爲信約。傅，陳也。芳吳切，《詩》傅奏其勇。今本作敷。

3.101　例，比也；力制切。例，遮也。良薛切，鄭康成説《禮》：厲禁，厲，遮例也。

3.102　儐，導也；必刃切。儐，敬也。音賓，《禮》山川所以儐鬼神。又必刃切。

3.103　伴，大皃也；蒲半切。伴奐，自縱施也[1]。普半切，《詩》伴奐爾游矣。又音畔。

3.104　併，並也；畀政切。併，盡也。步頂切，《禮》士併瓦盤無冰。

3.105　僭，假也，不信也；子念切。僭，侵也；七心切，《詩》以篆不僭。又子念、楚林二切。僭，數也。側蔭切，《詩》僭始既涵。

3.106　俶，始也，善也；尺六切。俶，熾也。尺志切，《詩》俶載南畝，鄭康成讀。

3.107　伏，伺也；房六切。伏，抱育也；扶又切，《禮》羽者嫗伏，毛者孕鬻。蒲伏，匐行也。蒲北切，《春秋傳》奉壺飲冰以蒲伏焉。

3.108　佚，忽也；夷質切。佚，更也。大結切，《春秋傳》長狄弟兄三人佚宕中國。

3.109　佛，倦也；扶物切。佛，見不審也。孚物、孚味二切。

3.110　伯，長也；博陌切。伯，把持諸侯也。音霸。

3.111　俠，傋也；戶頰切。俠，傍附也。音夾，《禮》俠牀東西。

3.112　作，起也；則各切。作，祝也。側慮切，《詩》侯作侯祝。

3.113　億，安也；於力切。億，辭也。於其切，《易》震往來厲，億无喪有事。

3.114　位，居列也；于匱切。位，臨也。音涖，《易》位乎天位，以正中也。

3.115　何，誰也；音河。何，負也。音荷，《易》何校滅耳。

3.116　僚，官也；力彫切。僚，好也。音了，《詩》佼人僚兮，鄭康成讀。

3.117　僻，邪也；普擊切。僻倪，城上小垣也。匹詣切，杜預説《春秋傳》：陴，城上僻倪也。今本作俾。

3.118　偪，迫也；補力切。偪陽，國也。甫目切，《春秋》遂滅偪陽。又補

---

[1]　施，畿本作“弛”。

力切。

○匕_{卑履切}

　　3.119　卬，舉也；音仰，《詩》瞻卬昊天。卬，我也。五剛切，《詩》人涉卬否。

　　3.120　頃，須臾也；丘潁切。頃，不正也；音傾。頃，一舉足也。音跬，《禮》頃步不敢忘孝。

○从_{疾容切}

　　3.121　從，隨也；在容切。從，籋其後也；才用切。從，南北也；則庸切，《詩》衡從其畝。從容，緩也；七容切，《禮》從容中道。從，放也；音縱，《禮》欲不可從。從從，高大也；音崇，《禮》爾無從從爾。又仕江、作孔二切。從容，擊也。音舂，《禮》善待問如撞鐘，待其從容然後盡其聲。

　　3.122　并，兼也；補盈切。并，合也。必政切，《春秋傳》衛孫文子伐齊，杜預曰：不書兵并林父。又如字。

○比_{毗至切}

　　3.123　比，密也；毗至切。比，方也；必以切。比，和也；蒲之切。比，次也；蒲必切。比，朋也。必二切。

○北_{博墨切}

　　3.124　北，朔也；博墨切。北，敗也。音佩。

○丘_{去鳩切}

　　3.125　虛，大邱也；起居切。虛，空也。朽居切。

○丞_{魚音切}

3.126　乘，多也；之仲切。乘，姓也。職戎切，魯大夫有乘仲。

3.127　聚，會也；才預切。聚，疾驅也。音驟，鄭康成説《禮》：馬有趨聚之節。

○壬_{他鼎切}

3.128　徵，成也；涉冰切。徵，火音也；陟里切。徵，晉地也。音懲，《春秋傳》秦伐晉取北徵。又陟陵、陟里二切。

○肙_{於機切}

3.129　殷，盛也；於斤切，《易》殷薦之上帝。殷，雷聲也；音隱，《詩》殷其雷。殷，赤黑色也。於閑切，《春秋傳》左輪朱殷。

○衣_{於稀切}

3.130　裨，益也；補支切。裨，副也。婢支切。

3.131　裯，單被也；直留切，《詩》抱衾與裯，毛萇讀。裯，牀帳也。直俱切，《詩》抱衾與裯，徐邈讀。

3.132　衰，喪服也；音崔。衰，雨衣也；蘇禾切。衰，等也；楚危切。衰，微也。史惟切。

3.133　被，寢衣也；部委切。被，覆也。部僞切。被，衣也；普義切，《春秋傳》翠被豹舄。被，不帶也。普爲切。

3.134　襄，上也；息良切，《書》贊贊襄哉。襄，謙也；音讓，鄭康成説《禮》：五射，四曰襄尺，謂士與君射，退襄於君一尺也。襄，却也。音攘，《詩》獫狁于襄。

3.135　衿，領也；居吟切。衿，結也。其禁切，《禮》衿纓綦屨。

3.136　襢，白衣也；張彥切，后六服有襢衣。襢，裼也；音袒，《詩》襢裼暴虎。又上戰切。襢，不郣也。章善切，《禮》君居喪爲廬宮，大夫士襢之。

3.137　褎，笑皃也；由秀切，《詩》褎如充耳[1]。褎，禾枝葉長也。徐秀切，《詩》實種實褎。

3.138　裼，袒也；素歷切[2]，《詩》袒裼暴虎。裼，褓也。他計切，《詩》載衣之裼。

3.139　祇，辭也；音支，《易》無祇悔。又之是切。祇，大也，病也；祁支切，《易》無祇悔。祇，安也。上支切。又音支。

3.140　褏，袂也；音袖。褏，盛服也。由救切。

○老魯皓切

3.141　耆，老也；渠支切。耆，好也；音嗜，《禮》耆欲不同。耆，致也。音底，《春秋傳》耆定爾功。

○毛莫襃切

3.142　毛，豪也；莫襃切。毛，擇也。莫報切，《禮》毛六牲。又如字。

○尸式脂切

3.143　居，處也；几魚切。居，方也；紀慮切，鄭康成説《禮》：布祭衆寡與其居句，謂巫布祭於神，或居方爲之，或句曲爲之。居，語辭也。姜宜切，《禮》伐鼓何居。

3.144　展，白衣也；張彥切，《禮》王后六服，五曰展衣。展，張也。知演切。

3.145　屏，蔽也；蒲并切。又必郢切。屏，除也[3]。必郢切。

---

[1]　充，原譌作"允"。

[2]　歷，原作"厯"，幾本作"厤"。

[3]　該條幾本作"屏，除也；屏，蔽也"。

3.146 尼,近也;乃禮切,《書》祀無豐亏尼。又女乙切。尼,山名也①。女基切。

○尾無斐切

3.147 屬,類也;市玉切。屬,連也;之欲切。屬,甲札之數也。之樹切,鄭康成説《禮》:犀甲七屬,謂上於下旅札續之數②。

3.148 屈,卷也;丘勿切。屈,闕也;音闕,鄭康成説《禮》:夫人以屈狄,謂衣闕而不畫。北屈,晉地也;其勿切,《春秋傳》夷吾居屈。屈,姓也;九勿切。

○舟職流切

3.149 般,辟也;補干切。般,樂也;蒲干切。公輸般,魯人也。補頑切,《禮》般請以機封。

○方府良切

3.150 方,併也;府良切。方,與高平縣也;符房切。方良,木石怪也。音岡。

○儿如鄰切

3.151 兒,孺子也;汝移切。兒,國也。五兮切,宋附庸國,《春秋傳》宋人伐兒。

3.152 免,釋也;某辨切。免,凶服也。亡運切。

3.153 兑,説也;徒外切。兑,商臣也;弋雪切,商相傅兑也。兑,成蹊也。吐外切,《詩》行道兑矣。

---

① 該條畿本作"尼,山名也;尼,近也"。
② 上於下旅,畿本作"上旅下旅"。

○**兄**許榮切

3.154　兄，昆也；許榮切。兄，滋也。許亮切，《詩》倉兄填兮。

○**兊**莫教切

3.155　弁，冕也；皮變切。弁，樂也。蒲官切，《詩》有《小弁》篇。

○**見**古甸切

3.156　見，視也；古甸切。見，顯也；胡甸切。見，棺衣也。古莧切，《禮》實見閒而后折入。

3.157　覺，大也；古岳切。覺，寤也。古孝、古岳二切。

3.158　覯，見也；古豆切。邂覯，解說也。户溝切。

○**欠**去劍切

3.159　次，不前不精也；七四切。次且，行不進也。七移切，《易》其行次且。

3.160　歜，怒也；尺玉切。昌歜，昌蒲菹也。在感切，《春秋傳》饗有昌歜。

○**次**敘連切

3.161　羡，饒也；延面切。羡，長也；益見切。羡，徑也。音踐，《禮》璧羡度尺，鄭眾讀。

○**頁**胡結切

3.162　頓，下首也；都困切。頓，困也。徒困切，鄭康成説《禮》：中道而廢，謂力極罷頓。

3.163　頎，長皃也；渠希切，《詩》碩人其頎。頎典，堅刃也。苦很切，《禮》輔欲頎典。

3.164　題，額也；徒兮切。題，視也。大計切，《詩》題彼脊令。

3.165　頒，賜也；音班。頒，大首也；扶云切，《詩》有頒其首。頒，分也。甫云切，《書》頒朕不暇。

3.166　顛，頂也，仆也；都年切。顛顛，車馬皃也。音田，鄭康成說《禮》：車馬之容，顛顛堂堂。

3.167　頗，近也；匹我切。頗，偏也；普多切。蓮頗，楚人也。蒲悲切，《春秋傳》楚大夫蓮頗來聘。又補美切。

3.168　頌，告成功也；音訟。頌，皃也。音容，《禮》有頌磬。

3.169　頹，圮也；唐雷切。頹，委也。湯過切，《禮》頹爾如委矣。又如字。

○県古堯切

3.170　縣，繫也；音懸。縣，四甸田也。黃練切。

○須相俞切

3.171　須，待也；相俞切。須，魚須也。音班，《禮》大夫以魚須文竹。又如字。

○彡所銜切

3.172　弱，柔也；如灼切。弱，沒也。奴滴切，王弼說《易》拯弱興衰。

○文無分切

3.173　斐，文也；敷尾切。斐豹，隸晉人也。音非，《春秋傳》斐豹隸也著于丹書。又芳尾切。

○髟 必彫切

3.174　髦，髮也；莫袍切。髳，西夷也。莫侯切，《詩》如蠻如髦。

群經音辨卷第三　　譚瑩玉生覆校

群經音辨卷第四

朝奉郎尚書司封員外郎直集賢苑兼天章閣侍講輕車都尉賜緋魚袋臣賈昌朝　撰

辨字同音異

辟部益	勹布交	包布交	甶敷勿	屾所閒	广魚檢
厂呼旱	丸胡官	長直良	勿文弗	豕式視	豸池爾
易羊益	象徐兩	馬莫下	鷹宅買	鹿盧谷	麤倉胡
犬苦泫	能奴登	火呼果	黑呼北	赤昌石	大徒蓋
夭於兆	爻古爻	壹於悉	牽尼輒	亢古郎	夲苦刀
夫甫無	思息茲	心息林	水式軌	川昌緣	谷古禄
雨王矩	魚顒居①	燕於甸	龍力鍾	非甫微	不方久
鹽余廉	戶侯古	門模奔	耳壤止		

○**辟**部益切

4.001　辟，法也；部益切。辟，君也；必益切。辟，遵當作逡巡也②；音避，《禮》還辟，辟拜。辟，止也；音弭，《禮》有由辟焉。辟，緣也；音裨，《禮》素帶終辟。辟，傾首也；音僻，《禮》負劍辟咡詔之，辟咡謂傾頭與語也。辟，衣褶

---

① 正文反切作"擬居"。
② 當作逡循，畿本無此四字。

也；補麥切，《禮》絞一幅不辟。又璧、脾二音。辟，喻也。音譬，《春秋傳》今辟於
艸木。今本作譬。

○勹 布交切

4.002　旬，徧也；音荀，《詩》來旬來宣。旬，十日也；詳遵切。旬，均
也。音脣，《易》雖旬无咎。又詳遵切。

○包 布交切

4.003　包，裹也；布交切。包，瓜也。白交切。

○甶 敷勿切

4.004　番禺，吳地也；語俱切。禺，蜼也。音遇。

4.005　畏，嚴也；音威，即古威字。畏，惡也；於胃切。畏，角曲中也。
音隈，《禮》夫角之中常當弓之畏。

○山 所閒切

4.006　崔，齊地也；倉回切，齊丁公子食采於崔，因以爲氏。崔嵬，高也；
慈回切，《詩》陟彼崔嵬。崔崔，山形也。子誰切，《詩》南山崔崔。又音佳。

4.007　密，山如堂者也；美弼切。密，靜也。莫必切。

4.008　峻，高也；私閏切。峻，大也。音俊，《禮》克明峻德。

○广 魚檢切

4.009　庀，居也；音宅。庀，法則也；殆故切。庀，揆也。大落切。

4.010　庇，蔭也；必至切。庇，具也。匹是切。

4.011　庶，衆也；式署切。庶，驅除毒蟲者也；章預切，《周官》有庶氏。

庶，止也。止奢切，《易》錫馬蕃庶。

4.012　廬，舍也；力於切。廬，戈戟柲也。音盧，《周官》有廬人。

○厂 呼旱切

4.013　厲，嚴也；力制切。厲，國也；音瀨，《春秋傳》遂滅厲。又如字。厲，鞶垂飾也。良薛切，《詩》垂帶而厲。又力制切。

4.014　厭厭，安也；於鹽切，《詩》厭厭夜飲。厭，足也；於豔切。厭，塞也；於輒切，《論語》天厭之。厭，閉藏也；烏斬切，《禮》見君子而後厭然。又烏簟切。厭，覆也；烏狎切，《禮》死而不弔曰厭。厭浥，濕也；於十、於占、於葉三切。厭，服也。於驗切，鄭康成說《禮》：不服教而有獄訟，謂不厭服於十二教者。又於涉切。

○丸 胡官切

4.015　丸，圜轉者也；胡官切。丸，布骨也。音院，謂漆車轂先以骨丸之。

○長 直良切

4.016　肆，陳也；息利切。肆，解牲體也。土歷切，《禮》肆獻祼享先王。

○勿 文弗切

4.017　勿，旗屬也，弗也；文弗切。卹勿，搔摩也。莫勃切，《禮》卹勿驅。

○豕 式視切

4.018　豬，豞也；陟魚切。豬，停水也；東胡、陟魚二切。盟豬，宋藪也。音諸，《書》被盟豬。又陟魚切。

○豸池爾切

4.019 貍，貓類也；里之切。貍，臭不可食也；音鬱，《禮》鳥麔色而沙鳴貍。貍，藏也。音埋，《禮》籍取魚鼈凡貍物。

4.020 貉，狐屬也；戶各切。貉，北狄也；莫白切。貉，師祭也。音禡，《禮》表貉於陳前。

○易羊益切

4.021 易，平也；羊至切。易，變也。羊益切。

○象徐兩切

4.022 豫，悦也，疑也；羊倨切，豫，州學也；詞夜切，《禮》豫則鉤楹內。豫，逸也。音舒，《書》豫常燠若。

○馬莫下切

4.023 馮，姓也；房戎切。馮，乘也。皮兵切，《周官》有馮相氏。

4.024 驕，傲也；舉喬切。驕，壯也；起喬切，《詩》四牡有驕。歊驕，犬名也。許喬切，《詩》載獫歊驕。

4.025 騷，擾也；蘇刀切。蒲騷，郾邑也。音消，《春秋傳》軍於蒲騷。又音繆。

4.026 騶，廐御也；側裘切。騶，疾驅也。七須切，《禮》車驅而騶。又仕救切。

4.027 駔，壯馬也；資黨切。駔，絲帶也。音組，《禮》駔琮五寸。

4.028 駕，馬在軛也；古訝切。駕，楚邑也。音加，《春秋傳》圍巢伐駕。又如字。

4.029 駿，良馬也；子峻切。駿，大也。思俊切，《詩》遹駿有聲。

○薦_{宅買切}

　　4.030　薦，藉也；作甸切。薦，重也。徂殿切，《詩》天方薦瘥。

○鹿_{盧谷切}

　　4.031　麇，麕也；几倫切。麇，群也。邱隕切^①，《春秋傳》求諸侯而麇至。又其鄖切。

　　4.032　麗，附也，美也；力計切。麗，歷也。力之切，《詩》魚麗于罶。

　　4.033　麃，廬屬也；薄交切。麃，芸也；皮嬌切，《詩》緜緜其麃。麃，蔗也。平表切，艸名，《爾雅》蔗麃。又蒲嚻切。

○麤_{倉胡切}

　　4.034　塵，土也；直珍切。塵，久也；田、陳二音。塵，土汙也。直吝切。

○犬_{苦泫切}

　　4.035　狂，癡也；巨王切。狂，莒子也。其逛切，《春秋傳》莒子狂。

　　4.036　猗，依也；於綺切，《詩》猗重較兮。猗儺，柔順也；於可切，《詩》猗儺其枝。猗，辭也。於宜切，《詩》河水清且漣猗。

　　4.037　獫狁，北狄也；虛檢切。獫，犬長喙也。力驗、虛檢二切，《詩》載獫歇驕，毛萇讀。

　　4.038　獻，贄也；許建切；獻尊，翠羽飾尊也；素何切，《禮》朝踐用兩獻尊。又虛宜切。獻，威儀也。音儀，《禮》鬱齊獻酌，鄭眾讀。

　　4.039　狄，北方犬種也；徒曆切^②；狄，遠也。音逷，《詩》狄彼東南。

---

① 邱，畿本作“丘”。
② 曆，畿本作“厤”。

○**能**奴登切

　4.040　能，彊傑也；奴登切。能，三台星也；音台，鄭康成説《禮》：司禄或曰下能。能，鼈三足也；奴來切。能，任也。奴代切，《詩傳》豕之性能水。又如字。

○**火**呼果切

　4.041　焞，明也；他昆切。焞，灼龜火也。常倫切，《禮》楚焞。

　4.042　燿，明也；夷照切。燿，顧小也。音哨，《禮》大胸燿後。

　4.043　烟，火氣也；音煙。烟熅，氣也。於真切，韓康伯説《易》：精氣烟熅，聚而成物。

　4.044　燋，所以然持火也；子約切，《禮》楚焞置于燋。又哉益、子消二切；燋，灼爛也。子消切。

　4.044　煇，光也；況韋切。煇，治革也。況万切，《禮》祭有卑煇胞翟閽。又于問切。

　4.045　焰焰，明也；音昭，鄭氏説《禮》引董仲舒：日食祝曰焰焰大明。焰，燭也。音照。

　4.046　燿，照也；以照切，《詩傳》熠燿燐也。又以灼切。燿，稍也。色敎切，《禮》大胸燿後。又羊肖、羊消二切。

　4.047　燠，熱也；於到切。燠休，念也。於喻切，《春秋傳》人民痛疾而燠休之。又於六切。

○**黑**呼北切

　4.048　黨，五百家也；多莽切。黨，氏也。諸兩切，《春秋傳》公築臺臨黨氏。

○赤昌石切

4.049　赫，火赤皃也；虛革切。赫，距辭也。許嫁切，《詩》反予來赫。

○大徒蓋切

4.050　夾，持也；古狎切。夾，隘也。音洽，《禮》廣夾不中量不鬻於市，鄭康成讀。

4.051　奄，覆也；依檢切。奄，久也。音淹，《詩》奄觀銍艾，鄭康成讀。

○夭於兆切

4.052　夭，美也；音妖。夭，屈也；於沼切。夭，少長也。烏老切，《禮》不殀夭。

4.053　奔，逃也；博昏切。奔走，歸趣也；布忖切，《書》矧咸奔走。奔，覆敗也。音奮，《詩傳》奔軍之將。

4.054　喬，高也；巨驕切。喬，俠也。音驕，《禮》喬而野。

○交古爻切

4.055　絞，縊也；古卯切。絞，束木也。戶交切，斂尸之具也，《禮》絞衿衾冒。

○壹於悉切

4.056　懿，美也；乙冀切。懿，痛傷聲也。於其切，《詩》懿厥哲婦。

○牵尼輒切

4.057　報，應也；博耗切。報，進也；音襃，《禮》禮有報樂有反。報，疾也。音赴，《禮》報葬有報虞。

○亢古郎切

4.058　亢，人頸也；剛、航二音。亢，高也。苦浪切。

○夰苦刀切

4.059　皋，澤也；古勞切，《詩》鶴鳴九皋。皋，呼也。戶高切，《禮》來瞽令皋舞。

4.060　奏，進也；則候切。奏，膚理也。千豆切，《禮》載體進奏。

○夫甫無切

4.061　夫，丈夫也；甫無切。夫，語辭也。防無切。

○思息兹切

4.062　思，容也；息兹切。思，慮也；息嗣切。思，頰也。塞來切，《春秋傳》于思于思。

4.063　慮，謀也；良倨切。林慮，汲縣也。力於切。

○心息林切

4.064　憸，利小民也；息廉、七漸二切。憸，詖也。虛檢切。

4.065　愁，憂也；士尤切。愁，斂也；子留切，《禮》秋之為言愁也。愁，變色皃也。子小切，《易》晉如愁如，鄭康成讀。

4.066　惟，凡思也；以追切。惟子，楚人也。音帷，《春秋傳》吳敗楚師，獲小惟子。

4.067　愉，薄也；音偷，《禮》以俗教安則民不愉。又以朱切。愉，樂也。以朱切。

4.068　恆，常也；戶登切。恆，弦也。古鄧切，《詩》如月之恆。又胡登切。

4.069　忍，能也；而軫切。忍，堅柔也。而震切，《詩傳》檀，彊忍之木。

4.070　惰，不敬也；徒臥切。惰，好也。徒禾切，《禮》言不惰。

4.071　感，動心也；古禫切。感，恨也，動也。胡暗切，《春秋傳》朝夕釋感於敝邑。

4.072　忌，惡也；渠記切。忌，辭也。居例切，《詩》叔善射忌。

4.073　愬，譖也；思故切。愬愬，危懼也。山革切，《易》履虎尾，愬愬，終吉。

4.074　憩，息也；邱例切[①]，《詩》有菀者柳，不尚憩焉。憩，明也。苦蓋切，鄭康成説《禮》：憩其箸明。

4.075　憲，法也；許建切。憲，舉也；音軒，《禮》武坐致右憲左。憲憲，盛也。音顯，《禮》憲憲令德。

4.076　憚，難也；徒旦切。憚，驚懼也。音怛，《禮》矢參分其羽以設其刃，雖有疾風，亦弗之能憚。又直丹、直旦二切。

4.077　懌，悦也；羊益切。懌，解也。音釋，《詩》悦懌女美，鄭康成讀。

4.078　怗，安也；他協切。怗懘，音敗也。昌廉切，《禮》怗懘之音。

4.079　慇，懃也；於巾切。慇，憂也。音隱。

4.080　慎，謹也；時刃切。慎，牝麋也。音辰，鄭衆説《禮》五歲爲慎。

○**水**式軌切

4.081　浩，澆也；户老切。浩油，魯地也。古老切，《春秋傳》會于浩油。又户老切。

4.082　溢，盈也；亦一切。溢，慎也；音謐，《詩》假以溢我，鄭康成讀。溢，二十兩也。音實，《禮》夕一溢米。又如字。

---

① 邱，畿本作“丘”。

4.083　濴，水會也；在公切，《詩》鳬鷖在濴。濴，水外之高者也。在容切，《詩》鳬鷖在濴，鄭康成讀。

4.084　池，停水也；直离切。呼池，水也。大河切，《禮》晉人將有事于河，必先有事於呼池。

4.085　沂，水出東海也；魚依切，《書》淮沂其乂。沂，鄂也。魚斤切，鄭康成説《禮》：琰圭璋，謂有沂鄂琰起。

4.086　沮，水出漢中也；子餘切，《詩》自土沮漆。沮，止也；在呂切，《詩》何日斯沮。沮洳，漸淫也。子預切，《詩》彼汾沮洳。

4.087　渠，水所居也；强魚切。渠，急也。音遽，鄭康成説《詩》：夜未央，謂夜未渠央也。

4.088　濡，沾也；人朱切。濡，漬和也；音而，《禮》濡豚包苦實蓼，謂亨之以汁和也。濡，柔也。而兖切，《詩》箋：桑之柔濡。

4.089　沽，買也；古乎切，《論語》沽之哉，鄭康成亦音故。沽，略也。公户切，《禮》杜橋之母喪宮中，無相以爲沽。

4.090　泥，塗也；乃低切。泥，滯也；乃計切，《易》致遠恐泥。泥泥，需也；乃禮切，《詩》零露泥泥。泥母，高平亭也。音甯，杜預説《春秋傳》：高平方與縣東有泥母亭。

4.091　淳，渌也，厚也；常倫切。淳，沃也。之倫切，《禮》淳而漬之。

4.092　溫，水出犍爲也，燠也；烏魂切。溫，藉也。於運切，《禮》婦事舅姑，柔色以溫之。

4.093　渾，水流聲也；户昏切。渾敦，四凶之一也。户本切。

4.094　淵，回水也；烏玄切。淵淵，鼓聲也。古玄切[①]，《詩》鼗鼓淵淵。

4.095　澆，渿也；古堯切。澆，寒浞子也。五弔切，《春秋傳》寒浞生澆

---

① 玄，原作“元”，畿本作“玄”。

及㲄。

4.096　泮，坡也；音判，《詩》隰則有泮。泮，崖也。音畔，《詩》隰則有泮，鄭康成讀。

4.097　漂，浮也；匹遙切。漂，水擊絮也。匹妙切。

4.098　波，涌流也；博河切。滎波，豫州浸也。音播，《禮》其浸波溠。

4.099　沙，水散石也；所加切。沙，嘶聲也；所駕切，《禮》鳥鸜色而沙鳴。又如字。沙，羽皃也。蘇佗切。

4.100　涵，容也；音含，《詩》僭始既涵，毛萇讀。涵，同也。音咸，《詩》僭始既涵，鄭康成讀。

4.101　湯，燠水也；土郎切。湯湯，水流也；式羊切，《書》湯湯洪水。湯，蕩也。池浪切，《詩》子之湯兮。又如字。

4.102　涼，信也；音諒，《書》高宗涼闇，何休讀。涼，薄也。呂張切。

4.103　清，澄也；七情切。清，潔也。才性切，鄭康成説《禮》：沐浴所以自潔清。

4.104　沈，没也；直林切。沈，投物於水也；直禁切。沈，國也。式荏切，春秋有沈子。

4.105　沾，益也；士兼切[1]。沾，濡也；張廉切。沾，視也。敕廉切，《詩》我喪也斯沾。

4.106　澠，水在齊也；食陵切。澠，水在錐也。音沔。

4.107　濟，水出常山也；子禮切。濟，度也；子計切。濟濟，恭也；自分切，《禮》濟濟乎其恭也，何休讀。又子禮切。濟，雨止也。才禮切，《書》曰雨曰濟，鄭康成讀。

4.108　準，平也；之允切。準，平若水也。音水，《禮》輈準則久。

---

[1] 士，幾本作“土”。

4.109 混，豐流也；胡本切。混夷，夷狄國也。古門切，《詩》混夷
駾矣。

4.110 衍，水朝海也，增也；以淺切。衍祭，羨道中祭也；音延，《禮》
大祝辨九祭，二曰衍祭。衍，寬也。怡戰切，《易》需于沙，衍在中也。

4.111 洒，汛也；所懈、所寄、所假三切。洒，滌也；西禮切，《春秋傳》洒
濯其心。洒，高峻也。七罪切，《詩》新臺有洒。

4.112 澹，水搖也；徒敢切。澹臺滅明，魯人也。徒甘切。

4.113 蕩，水出河內也，散也；徒黨切。蕩，節函也。吐黨切，《禮》邦
國之使節以英蕩輔之。

4.114 漸，進也；才染切。漸，入也；子廉切，《書》東漸於海。漸，伏也；
音潛，《春秋傳》沈漸剛克。漸漸，山石高峻也。土銜切，《詩》漸漸之石。

4.115 減，損也；古斬切。減，消也。胡斬切，《禮》禮主其減。又如字。

4.116 湛，沒也；直減切。湛，久也；音耽[①]，《詩》和樂且湛。湛，漬也；
子廉切，《禮》湛熾必潔，劉昌宗《周禮音》慈鵃切。湛，荊州浸也；音沈，《禮》
其浸潁湛。又直減、唐感二切。湛阪，襄陽地也。市林切，《春秋傳》戰於湛阪。又
丈林、直斬二切，杜預曰襄城昆陽北有湛水。臣按《周禮》湛爲荊州浸，鄭康成曰未
聞，以杜說攷之，蓋襄城湛水近是，故此亦有丈林、直斬二切。義疑，故兩存焉。

4.117 濫，氾也；盧檻切。濫，正出泉也；音檻。濫，邾邑也；力甘切，
《春秋傳》以濫來奔。濫，挐聚也。力敢切，《禮》竹聲濫。

4.118 沸，涫也；芳味切。沸，泉出皃也。分勿切，《詩》觱沸濫泉。

4.119 注，灌也；之戍切。注，喙也。音咮，《禮》以注鳴者。又都豆切。

4.120 汙，薉也；烏路、烏臥二切。汙，下也；哀都切，《禮》道汙則從而
汙。汙，穴地也。烏瓜切，《禮》汙樽而坏飲。又音烏。

---

① 耽，畿本作"紞"。

4.121　汏，淅灡也；徒蓋切。汏，澄也，過也；音泰。汏，滑也，激也。他達切，《春秋傳》縣胸汏輈，謂矢激也。

4.122　洩，水去也；息列切。洩洩，舒散也。羊世切，《春秋傳》其樂也洩洩。

4.123　溷，濁也；戶困切。又戶昏、戶本二切。溷，養豕也。音豢，《禮》君子不食溷腴。又戶本切。

4.124　瀾，大波也；力干切。瀾，米潘也。力旦切。

4.125　洵，均也；音勻，《詩》洵直且侯。又音荀。洵，過水也，信也；息淪切。洵，遠也。呼縣切，《詩》于嗟洵兮。

4.126　漱，盪也；色救切，《禮》善溝者水漱之，鄭康成曰：齧也。亦盪口之義。漱，澣也。悉鉤切，《禮》諸母不漱裳。

4.127　氾，布也；芳劔切，《春秋傳》慶封氾祭，鄭眾讀。氾，鄭地也。扶南切，《春秋傳》晉伐鄭取氾祭。

4.128　瀆，溝也；徒木切。瀆，煩也；音濁，鄭康成説《禮》：禮瀆則褻。句瀆之邱，齊地也。音竇，《春秋傳》執公子買于句瀆之邱。

4.129　渥，霑也；於角切。渥，漬也。音區，《禮》渥淳其帛。

4.130　濯，澣也；直角切。濯，濡也。直孝切，《禮》小臣爪手翦須，濡濯棄於坎。

4.131　漆，水出岐山也；音七。漆漆，祭容自反也。音切，《禮》子之言祭，濟濟漆漆然。

4.132　渴，欲水也；苦葛切。渴，水空也。其列切，《禮》渴澤用鹿。又苦葛切。

4.133　活活，流也；古闊切，《詩》北流活活。又如字。活，生也。胡括切。

4.134　決，行流也；古穴切。決，通也。音穴，《易》藩決不羸。

4.135　泄泄，多兒也；以世切，《詩》桑者泄泄。泄，發也。息列切，《禮》

陽氣發泄。

4.136　渫，除去也；息列切。《易》井渫不食。又食列切。渫，氽葱也。以利切，《禮》葱渫處末。

4.137　澤，潤也；場伯切。澤，醳也；羊益切，杜子春説《禮》引《郊特牲》曰：醆酒涗于清汁獻涗于醆酒，猶明清與醆酒于舊澤之酒也。澤澤，解散也。音釋，《詩》其耕澤澤。

4.138　汁，液也；之入切。汁光紀，黑帝名也。胡頰切，《禮》汁光紀，鄭康成説。又子集切。

4.139　淺，水不深也；七衍切。淺，送也，滅也；音餞，《書》寅淺內日。淺，旁沾也。音箭，又音贊。

4.140　濕，溽也；失入切。濕，水出東郡東武陽也；他合切。濕，蔡公子也；音隰，《春秋傳》蔡公子濕。又音變。濕濕，耳動也。處立切，《詩》其耳濕濕。又始立切。

○川昌緣切

4.141　州，水中可居也；之留切。邰州，晉人也。尺由切，《春秋傳》晉邰州來聘。

○谷古禄切

4.142　谿，山瀆无所通者也；苦兮切。蟻谿，土鼈也。吉兮切，《爾雅》土鼈蟻谿，郭璞曰似蝗而小。又音奚。

○雨王矩切

4.143　需，須也；息余切。需，柔弱也；音軟，《禮》薄其帤則需。需，畏也。乃亂切，《禮》馬不契需。又如字。

4.144　雷,陰陽薄動也;魯回切。雷,器也。力軌切,鄭康成説(《禮·職金》):用金石者作槍雷椎椁之屬。又郎對切。

○魚擬居切①

4.145　鯤,大魚也;古頑切。鯤,魚子也;古魂切。鯀,禹父也。音鮌。

4.146　鮮,魚也,善也;相然切。鮮,少也。息淺切。

4.147　鮦,鱧也;直冢切。鮦,鰹也;徒東切。鮦陽,汝陽縣也。直友切。又音童。

○燕於甸切

4.148　燕,玄鳥也②;於甸切。燕,國也。烏前切。

○龍力鍾切

4.149　龍,鱗蟲之長也;力鍾切。龍,雜也。音龙,《禮》革路龍勒,鄭康成曰:以白黑飾韋雜色爲勒。

○非甫微切

4.150　靡,披靡也,無也;模彼切。靡敝,賦税亟也;亡皮切,《禮》國家靡敝。靡,散也。模寄切,《易》與爾靡之。又忙波、忙池二切。

○不方久切

4.151　不,無也;方久切。不,弗也;音弗,《詩》受爵不讓。不,否也;弗武切,《詩序》賓以不侮。夫不,雛也;方浮切,《詩傳》雛夫不,鳥之謹愨者。不,

---

① 卷首部目反切作“顚居”。

② 玄,原作“元”。

足也。音跗，《詩》鄂不韡韡，陸德明讀。

○鹽 余廉切

4.152　鹽，煮鹵也；余廉切。鹽，歆豔之也。以贍切，《禮》鹽諸利以觀其不犯命者。

○户 侯古切

4.153　扃，外閉也；公熒切。扃扃，明察也。孔穎切，《春秋傳》我心扃扃。又工迥切。

○門 模奔切

4.154　關，木持户也，境上門也；古還切；關，引弓也。烏環切，《春秋傳》豹則關矣。

4.155　閔，弔也；眉隕切。閔，天稱也。音旻，《春秋傳》哀公誄孔子曰：閔天不淑，鄭康成讀。

4.156　閉，闔也；博計、必結二切。閉，紲弓也。兵媚切，《詩》竹閉緄縢。又如字。

4.157　闇，閉門也；烏紺切。闇，晦也；於咸切，《禮》君子之道闇然而日章。闇，廬也；烏南切，《禮》高宗諒闇，鄭康成讀。闇，嘿也。於今切，《書》高宗諒闇，何休讀。

4.158　閒，中也；古閑切。閒，廁也；古莧切。閒，隙也；胡姦切。昌閒，魯地也。音簡，《春秋傳》大蒐于昌閒。又古閑切。

4.159　闕，缺也；苦月切。闕，掘也。其月切，《春秋傳》闕地及泉。

○耳 壤止切

4.160　耿耿，憂也；古幸切。耿，光也。工迥切，《書》上帝之耿命。又古幸、公永二切。

4.161　聶北，邢地也；尼輒切，《春秋傳》次于聶北。聶，謀也。之涉切，《禮》野豕爲軒皆聶而不切。

群經音辨卷第五

朝奉郎尚書司封員外郎直集賢苑兼天章閣侍講輕車都尉賜緋魚袋臣賈昌朝　撰

辨字同音異

手書九　女尼吕　氐丁禮　戈古禾　戊王伐　我五可
乚於謹　匚胡禮　匸甫亡　甾側祠①　瓦五寡　弓居戎
系胡計　糸莫狄　率所律　虫許偉　蚰古魂　蟲直弓
風方戎　它託何　黽莫杏　卵魯管　二而至　土它魯②
里良起　田徒年③　力林直　金居音　勺之若　且子余
斤舉欣　斗當口　矛莫浮　車尺遮　昌房九　厶力軌
叕陟劣　乙於筆　丁當經　己居倚　羋皮免　孑將此
厶他骨　午擬古　酉與久　酋才秋

○手書九切

5.001　攝，假也；失涉切。攝，脅也。之涉切，《春秋傳》以攝威之。又如字。

5.002　舉，升也；居許切。舉，相援也。音據，《禮》其任舉有如此者。又

---

① 祠，正文作"詞"。

② 它，正文作"他"。

③ 徒，原譌作"從"。

如字。

　　5.003　披，張也；普碑切。披，柩行夾引者也；彼義切，《禮》設披周也。披，分也。普彼切，《春秋傳》崇諸侯之姦而披其地。

　　5.004　推，引也；尺佳切。推，排也。土雷切。

　　5.005　扶，佐也；防夫切。扶伏，匍行也；音蒲，《春秋傳》扶伏而繫之。扶，則四指也。音膚，《禮》説投壺矢堂上七扶。

　　5.006　提，挈也；徒兮切。提提，群飛也；是移切，《詩》歸飛提提。提，絕也。丁禮切，牛羊之肺離而不提心。

　　5.007　摧，擠也；昨回、千佳、子佳三切。摧，至也。子回切，《詩》先祖于摧。

　　5.008　援，引也；于元切。援，助也；于願切。畔援，跋扈也。胡兖切，《詩》無然畔援。又于元、于願二切。

　　5.009　摶，圜也；徒端切。摶，十羽束也。除轉切，《禮》十羽爲摶。

　　5.010　揃，籤也；音箋，鄭康成説《禮》：物揭而書之物，物爲揃，書其價亦音籤。揃，搣也。音翦，《禮》蚤揃如他日。

　　5.011　揄，引也；羊朱切。揄，抒臼也；以周切，《詩》或舂或揄。又羊朱切。揄狄，雉也。餘昭切，《禮》王后六服，二曰揄狄，謂畫雉飾衣也。

　　5.012　招，手呼也；止遙切。招，陳公子也。上遙切。

　　5.013　撓，整也；好高切，鄭氏説《禮》攝酒攝整也，整酒謂撓之。撓，曲也。音擾。

　　5.014　撥，治也；北末切。撥，怒也。蒲末切，《禮》撥爾而怒。又必末切。

　　5.015　挼，手相切也；奴戈切。挼，祭神食也。許恚切，《禮》祝命挼祭。又相恚切。

5.016　擔，荷也；都覃切。擔，假也。音贍①，《禮》無爵而杖者，擔主也。

5.017　捄，盛土於虆也；紀朱切，《詩》捄之陾陾。又音鳩。捄，角皃也；音虯，《詩》有捄其角。捄，援也。音救，鄭康成説《禮》：振窮抍捄天民之窮者。

5.018　握，持也；於角切。握，車帷也；音屋，《禮》翟車貝面組緫有握。握，韜手也。烏豆切，《喪禮》握手用玄纁裏②。又於角切。

5.019　抵，擠也；丁禮切。抵，本也。音帝，《禮》各從其抵。又都禮切。

5.020　挈，提也；苦結切。挈，開也；苦計切，鄭康成説《詩》：稽疑之法，必挈灼龜而卜之。今本作契。挈，懸也。音結。

5.021　承，奉也，受也；直凌切③。承，惠終也；音贈，《禮》賵賻承含。承，楚語辭也。音懲，《春秋傳》蔡昭侯將如吳，諸大夫恐其又遷也承。

5.022　拒，逆也；其吕切。招拒，白帝也。音矩，鄭康成説《禮》曰：招拒，白帝名。

5.023　柎，揗也；音撫。柎，鄂足也；音跗，鄭康成説《詩》：棠棣之鄂曰柎。柎，實也。音附，鄭康成説《禮》：旊人作器，既柎泥而轉其均。又方附切。

5.024　揩，拭也；苦皆切。揩，敲也。居八切，《禮》柎搏玉磬揩擊。

5.025　摽，擊也，落也；蒲小切。摽，辟也。普交切，《春秋傳》曹子摽劍而去之。

5.026　摻摻，纖纖也；所銜切，《詩》摻摻女手。又息廉切。摻，攬也。所斬切④，《詩》摻執子之袪兮。

5.027　摯，握持也；脂利切。摯，危也。魚列切，《禮》轂大而短則摯。又魚結切。

---

① 贍，畿本作“贍”。

② 玄，原作“元”。

③ 直，畿本作“植”。

④ 斬，畿本作“減”。

5.028　振，舉也；音震。振振，厚也；之鄰切，《詩》宜爾子孫振振兮。振，禪也。之忍切，《禮》振絺綌不入公門。

5.029　擐，貫也；胡慣切，《春秋傳》擐甲執兵①。又古宴切②。擐，手卻衣也。音揎。

5.030　撰，持也；仕戀切。撰，數也。息轉切，《禮》群吏撰車徒。又仕轉、息緩二切。

5.031　播，布也；補過切。播，動也。彼我切，《春秋傳》焉用自播揚焉。

5.032　括，絜也；古活切。括，矢拔也；苦活切，《詩》捨拔則獲，鄭康成曰：拔，括也。拔，擢也；蒲八切。拔，疾也；蒲末切，《禮》毋拔來，毋報往。拔，木生柯葉也。蒲貝切，《詩》柞棫拔矣。

5.033　挹，斟也；於十切。挹，溼也。於及、於脅二切。

5.034　攘，因也；而羊切。攘，饋也。式尚切，《詩》攘其左右。

5.035　掉，搖也；徒弔切。掉，鐘病聲也。奴較切，鄭衆說《禮》：鐘微薄則聲掉。

5.036　揭，舉也；起列切，《詩》維北有斗，西柄之揭。又起謁切。揭揭，長也；魚竭切，《詩》葭菼揭揭。又居謁切。揭，褰衣也。起例切，《論語》深則厲，淺則揭。又起列切。

5.037　折，曲撓也；之列切。折，斷也；士列切。折折，安舒也；徒兮切，《禮》吉事欲其折折爾。折，斷牲骨也。音制，《春秋傳》司馬致折俎，徐邈讀。又之列切。

5.038　摘，指也，拓也；知格切。摘，撥也。吐狄切。

5.039　拍，拊也；普百切。拍，肩也。音膊，《禮》饋食之豆豚拍魚醢。

---

① “春秋傳”前原有“詩衍”二字，畿本無。
② 宴，畿本作“晏”。

5.040　扱,收也;音插,《詩傳》扱衽曰襭。扱,斂持也。音吸,《禮》以箕自向而扱之。

5.041　接,交也;即葉切。接,勝也;音捷,《易》晝日三接,鄭康成讀。接,柩飾也;所甲切,《禮》翣柳本或作接檽。接,抒也。初洽切,《禮》廩人大祭祀共接盛。

5.042　捷,軍獲得也;在接切。捷捷,讒言也。音接,《詩》捷捷幡幡。又在接切。

5.043　挾,持也;胡頰、子洽、子協三切。挾,旁也。音夾,《禮》挾牀東西。

5.044　揖,舉手也;伊入切。揖揖,會衆也。子入切,《詩》螽斯羽,揖揖兮。又仄立切。

5.045　拾,掇也;是執切。拾,登也;音陟,鄭康成説《禮》:不拾級而下曰走。拾,更也。其業切,《禮》射拾發以將乘矢。

5.046　拂,除也;敷物切。拂,違也;符弗切。拂,輔也;音弼。拂,抪近也。芳未切,鄭康成説《禮》:有所拂抪。

5.047　操,持也;七刀切。操,志也;七誥切。操,鄭邑也。七南切,《春秋傳》鄭伯髡原卒于操。

〇**女**尼吕切

5.048　女,婦人也;尼吕切。女,妻也;尼句切。女,爾也。音汝。

5.049　妃,婦官也;芳微切。妃,匹也。音配。

5.050　婁,空也;落侯切;婁,數也;音屢。婁,曳也;力拘切,《詩》弗曳弗婁。部婁,小阜也。路口切,《春秋傳》部婁無松柏。又力侯切。

5.051　委,隨也;於彼切。委蛇,行可從迹也;於非切,《詩》委蛇委蛇。委,牢米薪芻之名也。於僞切,《禮》有委積。

5.052　婉,柔順也;音晚。婉,菜之新生者也。亡運切,《禮》婉橋滫瀡,鄭康成讀。

5.053　妄，亂也；亡尚切。妄，無也。音亡，《禮》妄常以儒相詬病。又亡尚切。

5.054　姓，人所生也；息政切。姓，蔡公孫也。音生，春秋蔡大夫公孫姓。

5.055　毋，止也；音無。淳毋，模象煎熬爲餌也。音模，鄭康成説《禮》：淳毋煎醢，加黍食沃以膏。

5.056　嬴，秦姓也；音盈。嬴，嬀水也。音嬀。

○氐丁禮切

5.057　氐，羌也，東方宿也；音低。氐，至也，本也。丁禮、都履二切。

○戈古禾切

5.058　戲，兵也，謔也；香義切。於戲，歎辭也。好胡切，《禮》於戲前王。又音義。

5.059　戔，殘也；昨干切。戔戔，猥積也。音牋，《易》束帛戔戔。又昨干切。

○戉王伐切

5.060　戚，斧也，憂也；千寂切。戚，嘁也。子六切。

○我五可切

5.061　義，宜也；牛寄切。義，善也。音儀，《詩》宣昭義問。

○ 乚 於謹切

 5.062 直(直),正也;除力切。直,當也。音值,《禮》投壺馬,各直其算。

○ 匸 胡禮切

 5.063 區,處也;豈俱切。區,量器也;烏侯切,四豆爲區。區,屈生也。古侯切,《禮》艸木茂區萌達。

○ 匚 甫亡切

 5.064 匚,受物器也;音方。匚,放也。甫妄切,《書》匚命圮族。

 5.065 匪,器也,勿也;府尾切。匪,均也。音分,《禮》廩人掌九穀,以待國之匪頒。

○ 甾 側詞切①

 5.066 甾,缶也;側詞切。甾,木立死也。側吏切。

○ 瓦 五寡切

 5.067 甄,陶也;古然②、側隣二切。甄,掉也。音震,《禮》薄聲甄。

○ 弓 居戎切

 5.068 彌,滿也;米支切。彌,安也;某婢切,《禮》彌裁兵。彌,嬰也。五今切,徐邈説《禮》嬰兒失其母,嬰猶嫛彌也。

 5.069 彊,弓有力也;其良切。彊,堅也。其亮切,《禮》彊藥用蕡。

---

① 詞,卷首部目作"祠"。

② 古,畿本作"吉"

5.070　弻，止也；某婢切。弻，弓無緣可以解彎紛者也。縣婢切，鄭康成説《禮》：簫弓弻頭也。

5.071　發，射激矢也；方伐切。發發，魚游也。北末切，《詩》鱣鮪發發。

○ **系**胡計切

5.072　孫，子之子也；思門切。孫，順也。音遜，《禮》孫其業也。

5.073　繇，喜也；余昭切。繇，自也。音由，《爾雅》繇膝以下爲揭。

○ **糸**莫狄切

5.074　綏，安也，車中挽也；息遺切。綏，視上也；土果切，鄭康成説《禮》：國君綏視，謂視國君上於袷也。綏，祭神食也。許規切，《禮》攝主不綏祭。又許恚切。

5.075　紕，縫次也；脾支切，《詩》素絲紕之。又蒲至切。紕，錯繆也。匹毗切。

5.076　絺，細葛也；丑知切。絺，刺也。陟里切，《禮》希冕，鄭康成讀與絺同。

5.077　縗，服直心者也；七雷切。縗，羽衣也。西雷切，郭璞説《爾雅》：江東取鷺毛爲衣，曰白鷺縗。又西禾切。

5.078　純，絲也，不雜也；常倫切。純，緣也；之尹切，《禮》冠衣不純素。又之閏切。純留，上黨縣也。徒溫切，《春秋傳》執孫蒯於純留。

5.079　緡，釣魚繁也；某巾切，《詩》其釣維何，維絲伊緡。緡蠻，黃鳥聲也。音縣，《禮》緡蠻黃鳥。又某巾切。

5.080　編，次也；補年切。編，首服也。步典切，鄭康成説《禮》：編列髮爲之如假紒。又必先切。

5.081　綢繆，束也；音裯。綢，杠衣也。吐刀切，《禮》夏后之綢練。又音儔。

5.082　纖，細也；息廉切。纖，刺也。之林切，《禮》公族其刑罪則纖剸。又子廉切。

5.083　繩，絢也；食陵切。繩，含實也。音孕，《禮》薙氏掌殺艸秋繩而芟之。

5.084　緝，績也；七立切。緝緝，舌聲也。子立切，《詩》緝緝翩翩。又七立切。

5.085　綅，旂之正幅也；所銜、相沾、所感三切。綅，縑也；音綃，《禮》綅幕魯也。綅，繹絲也。素刀切。

5.086　總，聚束也；子董切。總，絲數也。子公切，《詩》素絲五總。

5.087　纚，韜髮也；色里切，鄭康成説《禮》：纚謂以緇帛韜髮也。纚，綏也。力馳切，《詩》緋纚維之。

5.088　紀，絲別也；居擬切。紀，基也。音起，《詩》有紀有堂。

5.089　縛，白鮮色也；持兖切。縛，束也；古本切，《禮》十搏爲縛。又除轉切。縛，繒也。音絹，鄭康成説《禮》：素紗，今之白縛。又居援、升絹二切。

5.090　緼，緋也；於云切。緼，赤黃色也。音温，《禮》一命緼韍黝珩。又烏本切。

5.091　繰，采藉也；子皓切，《禮》繰藉五采。繰，繹絲也。素刀切，《禮》古之獻繭，及良日，夫人繰，三盆手。

5.092　綆，汲繩也；古杏切。綆，輪箄也。必郢切，《禮》視其綆[1]，欲其蚤之正。又逋善、古杏二切。

---

[1] 視，畿本作“眡”。

5.093　縱，緩也；子用切。縱，南北也；子容切。縱縱，趨事也。作董切，《禮》喪事欲其縱縱爾。

5.094　絮，敝緜也；相預切。絮，捕也；敕慮切，《禮》毋絮羹。絮，衣也。女居切，何休說《春秋傳》古諸侯師出[1]，世子率興守國，次宜爲君者持棺絮從。

5.095　縵，繒無文也；莫半切。夏縵，五采畫也。莫干切，《禮》卿乘夏縵。

5.096　絸，赤繒也；七見切，《春秋傳》絸茷旆旌。絸，屈也。仄庚切，《禮》陳襲事于房中，西領南上不絸。

5.097　繕，補也；時戰切。繕，堅也。音勁，《禮》招搖在上，急繕其怒。

5.098　絹，繒也；吉掾切。絹，絓取也；古犬切，鄭康成說《禮》：肩絹禽獸。絹，網耳也。侯犬切，鄭康成說《禮》：射侯之網耳曰絹。又古犬切。

5.099　約，儉也；於略切。約，信也；於妙切，《禮》司約掌邦國及萬民之約。約，鐘病也。於教切，鄭衆說《禮》佻謂中央約也，約則鐘聲迫筰出去疾。又如字。約，纏也。音握，鄭康成說《禮》：圭中必，謂以組約其中央，爲執之以備失隊。

5.100　繡，五色備也；息救切。繡，繒也。音綃，《禮》繡黼丹中朱衣。

5.101　絜，白也；吉列切。絜，火射矢也。苦結切，《禮》絜矢利火射。

5.102　繆，綢纏也；莫彪切。繆，紕錯也；靡幼切。繆，交股也；居虯切，《禮》衣衰而繆絰。繆，諡也。音穆，魯有繆公。

5.103　絀，退也；音黜，《禮》不孝者君絀以爵。絀，曲也。音屈，《禮》諸侯荼，前絀後直。

5.104　結，締也；古屑切。結，束髮也。音計。

5.105　緆，細布也；先擊切。緆，裳下飾也。他計、羊豉二切，《禮》明衣有緣紳緆，鄭康成讀。

---

① 古，畿本作“古者”。

5.106　繹，抽絲也；羊益切。繹，魯山也；音夕，《詩》保有鳧繹。又音亦。繹，釋也。音適，《禮》射各繹己之志。又音亦。

5.107　織，布帛總名也；之力切。織，徽也。隻吏切，《詩》織文鳥章。又尺志切。

5.108　繁，多也；附袁切。繁纓，馬飾也；音盤，《春秋傳》繁纓以朝。繁，氏也。步河切，《春秋傳》商民族有繁氏。

5.109　紹，繼也；市沼切。紹，援也。尺遥切，《詩》匪紹匪游。

5.110　糾，絞也；吉酉切。窈糾，舒也。其趙、巳小二切，《詩》舒窈糾兮。

5.111　累，重也；力軌切。累，牽也；力僞切。肥累，狄地也；力輟切，杜預説《春秋傳》鉅鹿下曲陽縣西有肥累城。累，縶也。力追切①，《禮》季春乃合累牛騰馬游牝於牧，鄭康成讀。

○率 所律切

5.112　率，捕鳥畢也，循也，總也；所律切。率，將也；音帥。率，約數也。吕恤切，鄭康成説《禮》：均邦國地貢輕重之等其率之也。

○虫 許偉切

5.113　蛾，飛蟲也；五河切。蛾，蚍蜉也。音蟻，《禮》蛾子時術之。

5.114　螻蛄，石鼠也；洛侯切。螻，內病也。音漏，《禮》馬黑脊而般臂螻，干寶讀。

5.115　虺，蛇屬也；許偉切。虺隤，馬病也。呼回切，《詩》我馬虺隤。又呼懷切。

---

① 力，原作“兮”，畿本作“力”。

5.116　蜎，肙蟲也；狂兖切。蜎蜎，蠋皃也；與專切，《詩》蜎蜎者蠋。蜎，掉也。烏犬切，《禮》凡刺兵欲無蜎。又於兖、烏玄^①、巨兖三切。

5.117　蜡，蠅乳肉也；清預切，《禮》蜡氏掌除骴。蜡，索也，歲終索饗百神也。仕詐切。

5.118　蟄，藏也；直立切。蟄蟄，和集也。尺十切，《詩》宜爾子孫蟄蟄兮。

○蚰古魂切

5.119　蠹，蟲齧木中也；盧啟切。蠹，瓢也；力兮切，杜子春説《禮》：瓢，瓠蠹也。蠹，獸病疥也。力果切，《春秋傳》不疾瘯蠹。

5.120　蚤，蟲也，夙也；音早。蚤，爪也。側絞切，《禮》欲其蚤之正，鄭康成以爲輻入牙中者。

○蟲直弓切

5.121　蟲，有足者也；直弓切。蟲蟲，熱也。徒冬切，《詩》藴隆蟲蟲。又直忠切。

○風方戎切

5.122　飄飈，風也；浦遥切。飄，回風也。蒲遥切，《詩》匪風飄兮。又必遥切。

○它託何切

5.123　蛇，虺屬也；市奢切。委蛇，行可從迹也。弋支切。

---

① 玄，原作"元"。

○黽 莫杏切

5.124　黽，鼃屬也；莫杏切。黽勉，勉也。莫尹切，《詩》黽勉同心。

○卵 魯管切

5.125　卵，物無乳者生也；魯管切。卵，魚子也。音鯤，《禮》濡魚卵醬，鄭康成讀。

○亟 而至切

5.126　亟，數也；去吏切。亟，急也。紀力切，數急義雖大同，然經史用此二字，數緩於急，微有所別。

○土 他魯切①

5.127　土，吐生萬物者也；他魯切。土，城也；當魯切，《禮》內之圛土。桑土，桑根也。徒古切，《詩》徹彼桑土。

5.128　封，與爵土也；甫容切。封，所受爵土也；甫用切。封，下棺也。音窆，《禮》縣官而封者。又補鄧切。

5.129　坏，邱再成也②；普杯切。坏，塞也。音陪，《禮》蟄蟲坏戶。

5.130　墳，大也；符分切。墳，土解潤也。符粉切，《禮》壤墳用麋，韋昭音。《書》又敷吻切。

5.131　坊，邑里也；府良切。坊，備也；音防。坊，堤也。符訪切。

5.132　堵，垣也；當古切。堵，氏也。之野切，《春秋傳》鄭堵女父。

5.133　坻，隴也；丁禮切。坻，水中高地也；直基切，《詩》如坻如京。坻，著也。音止，《春秋傳》物乃坻伏。又丁禮切。

---

① 他，卷首部目作"它"。
② 邱，幾本作"丘"。

5.134　填，塞也；待年、陟人二切。填，盡也；徒典切，《詩》哀我填寡。填，久也。音塵，《詩》倉兄填兮。

5.135　壞，自毀也；胡怪切。壞，毀佗也；音怪。壞，病也；音瘣，《詩》譬彼壞木，疾用無枝。又音回。壞隤，魯地也。音懷，《春秋傳》喪及壞隤。

5.136　埆，獄也；古學切，《詩傳》獄埆也。又户角切。埆，堉土也[1]。户覺切，杜預說《春秋傳》：淳鹵，埆薄之地。又苦角切。

5.137　圻，疆也；音祈。圻，鄂也。魚斤切。

5.138　疆，圻也；居良切。疆，堅土也。其兩切，《禮》疆藥用薑。今本作彊。

○里良起切

5.139　里，居也；良起切。里，止也。音已，《禮》里爲式，鄭康成讀。

5.140　釐，福也；力之切。釐，除田艸也。音萊，《禮》虞人釐所田之野。

○田徒年切

5.141　甸，畿也；徒練切。甸，四邱地也；音乘，《禮》四邱爲甸[2]；甸，獵也。音畋，《禮》甸役設熊席。

5.142　畜，聚也；恥玉切。畜，養也；許六切。畜，六畜也。許又切。

5.143　留，止也；音流。留，昴宿也。音柳。

○力林直切

5.144　勤，勌也；巨巾切。勤，毳稱也。音期，《禮》毳勤稱道不亂者，毛萇讀。

5.145　勦，擊也；初交切，《禮》毋勦說。勦，絶也。子小切，《春秋傳》安

---

① 堉，畿本作“脊”。

② 邱，畿本作“丘”。

用勤民。亦初交切。

5.146　務,趣也;亡遇切。務婁,莒公子也。莫侯切,《春秋傳》執莒公子務婁。

○金居音切

5.147　錞,擊以和鼓者也;音淳,《禮》以金錞和鼓。錞,鐏也。徒猥切,《詩》厹矛鋈錞。又都門、徒對二切。

5.148　西鉏吾,宋人也;牀乎切。鉏,璋剡也;殊加切,鄭康成説《禮》:牙璋有鉏牙之飾。又測魚切。鉏,藉也。子都切,《禮》司巫祭祀,則共匰館,杜子春曰:菹讀爲鉏,鉏之言藉也,祭食有當藉者。

5.149　鑽,穿也;子安切,《論語》鑽之彌堅。鑽,治楄梨也。子管切,《爾雅》楄棃曰鑽之,郭璞曰:啖食治擇之名。又祖端切。

5.150　錢,貨布也;昨先切。錢,銚也。子踐切,《詩》庤乃錢鎛。

5.151　銚,弋艸也;餘昭切,《詩傳》銚弋葿楚。又徒弔切。銚,田器也。音鼗。

5.152　鍼,所以紩也;音針。鍼虎,秦人也。其廉切,《春秋傳》秦穆公三良,奄息、仲行、鍼虎。

5.153　錡,釜屬也;機彼切,《春秋傳》維錡及釜。又其綺、宜綺二切。錡,鑿屬也。巨宜切,《詩》又缺我錡。

5.154　鎮,博壓也;陟刃切。鎮,寶也。音珍,《禮》國之玉鎮,大寶器藏焉。又珍刃切。

5.155　鏤,刻鐵也;力侯切。屬鏤,劍也。力俱切。

5.156　鑒①,取明水者也;古懺切。鑒,冰甀也。胡黤切,《禮》凌人春始

---

① 鑒,原作"鑒"。下二"鑒"同。

治鑒。

5.157　錫，銀鉛閒也；先歷切[①]；錫，與也；音賜，徐邈説本先歷切。錫，紒飾也。大計切，《禮》主婦被錫，一作髲鬄，古者剔刑者賤者髮，以被婦人紒爲飾，曰髲鬄。又吐歷切。

5.158　錯，雜也；倉各切。錯，置也。七故切，《論語》舉直錯諸枉。

5.159　鑿，穿也；在各切。鑿，精也；子洛切，《春秋傳》粢食不鑿。鑿，穴也。在報切，《禮》凡輻量其鑿深。又七報切。

5.160　鉤，曲也；古侯切。鉤，引也。古侯切，《詩》以爾鉤援。又古侯切。

○勺之若切

5.161　勺，挹取也；音酌。勺，挹器也。音杓，《禮》加二勺于二尊。

○且子余切

5.162　且，未定辭也；七也切。且，往也；音祖，《詩》士曰既且。且，語辭也；哉余切，《詩》既亟只且。羪且，恭慎也。七序切，《詩》有羪有且。

5.163　亹亹，勉也；無斐切。亹，山絕水也。莫奔切，《詩》鳧鷖在亹。

○斤舉欣切

5.164　斤，斫木也；舉欣切。斤斤，明察也。紀覲切，《詩》斤斤其明。

5.165　斯，此也；息資切；斯，析也；所宜切，《詩》斧以斯之。又所魚切。斯，盡也。思義切，《詩》王赫斯怒，鄭康成讀。

5.166　斷，截也；音短。斷，絕也；徒旱切。斷，決也。都亂切。

---

① 歷，畿本作“厤”。

○斗_{當口切}

5.167　斗，升十之也；當口切。斗，沃器也。止汝切，《禮》大喪大涽設斗。

5.168　料，度也；力弔、力彫二切。料，小𤷌聲也。力彫切，《爾雅》𤷌小者謂之料，料者聲清而不亂。

○矛_{莫浮切}

5.169　矜，憐也；居凌切。矜，矛柄也；巨斤、居凌二切。矜，無妻也。音鰥，《詩序》至于矜寡。

○車_{尺遮切}

5.170　軒，車也；虛言切。軒，野豕菹也；許建切，《禮》野豕爲軒。軒虎，鄭人也。音罕，《春秋傳》會鄭軒虎于澠。

5.171　載，乘也，事也；作代切。載，年也；資乃切。又作代切。載，運也；昨代切，《書》臭厥載。載，發土也。側基切，《詩》俶載南畝，鄭康成讀。

5.172　展轉，反側也；知沇切^①；轉，旋動也。知戀切。

5.173　輅，車軨前橫木也；音路。輅，迎也。音迓，《春秋傳》狂狡輅鄭人。

5.174　轘，車裂人也；户串切，《禮》條狼氏堂車轘。轘轅，周地也。音環，《春秋傳》出諸轘轅。

5.175　較，車上曲銅也；古岳切。較，几足也。苦交切^②，《禮》綴足用燕几較在南。又胡飽切。

5.176　軸，持輪也；直六切。軸，進也。音迪，《詩》碩人之軸。

5.177　轅，輈也；于元切。轅，地也。于眷切，《春秋傳》取犂及轅。又音袁。

---

① 沇，畿本作"兗"。
② 交，畿本作"較"。

○ 㠯 房九切

5.178　隨，長而圜也；他果切。隨，祭神食也；思恚切，鄭康成説《禮》：隨釁謂薦血也。又許恚切。隨，國也。旬爲切。

5.179　除，階也；直魚切。除，去也；音住①，《詩》日月其除，毛萇讀。又直魚切。除，舒也。式朱切，《詩》日月其除，鄭康成讀。又音餘。

5.180　陶，再成邱也②，和土爲器也；徒刀切。皋陶，鼓木也；餘招切，《禮》鞞人爲皋陶。陶陶，驅馳也。徒報切，《詩》駟介陶陶。

5.181　陂，隈也；補危切。陂，傾也；補偏切。陂，偏也。普多切。

5.182　限，阻也；户簡切。限，切急也。魚懇切，鄭衆説《禮》：望其轂欲其眼也，眼讀如限切之限。

5.183　隕，墜也；羽敏切。隕，均也。音圓，《詩》幅隕既長。又于貧切。

5.184　墮，敗也；許規切，《禮》無有壞墮。墮，落也。徒果切。

5.185　險，阻難也；虛檢切。險，約也。音儉，《春秋傳》險而易行。

5.186　隊，群行也；徒對切。隊，隕也；除類切。隊，玉垂兒也。音遂，《禮》垂之如隊。又音墜。

○ 厽 力軌切

5.187　纍，增也；力軌切。纍，連也。力爲切，《書》終纍大德。

○ 叕 陟劣切

5.188　綴，合著也；陟衞切。綴，止也；陟劣切，《禮》樂所以綴淫。綴，叕也。都外切，《詩》荷戈與綴，鄭康成讀。

---

① 住，畿本作“注”。
② 邱，畿本作“丘”。

○**乙**於筆切

5.189　乾，健也；渠焉切。乾，燥也。古寒切。

○**丁**當經切

5.190　丁，火之位也；當經切。丁丁，伐木聲也。陟庚切，《詩》伐木丁丁。

○**己**居倚切

5.191　己，中宮也；居倚切。己，姓也。音杞，鄭康成説《詩》：昆吾、夏桀皆己姓。

○**辡**皮免切

5.192　辡，治也；皮免切。辡，皆也。音徧，《禮》先飯辡嘗。

○**子**將此切

5.193　字，文也；疾置切。字，養也。音滋，鄭康成説《禮》：小國貢輕字之也。又如字。

5.194　疑，惑也；語其切。疑，度也；音擬，《禮》不疑君。疑，定也；魚淩切，《詩》靡所止疑。疑，止也。音屹，《禮》主婦疑立。

5.195　孳，汲汲生也；音孜，《禮》有孳孳斃而後已。孳，乳化也。疾置切，《書》鳥獸孳尾。

○**去**他骨切

5.196　育，養也；亦六切。育，長也。音胄，鄭康成説《禮》：大司樂，凡有道有德者使教焉，若舜令夔典樂教育子是也，今文作胄。

5.197 疏，遠也；身居切。嘉疏，稻也。音蘇，《禮》稻曰嘉疏，鄭衆讀。又所魚切。

○午_{擬古切}

○**午**_{擬古切}

5.198 午，南方也；擬古切。午，逆也。五故切，《禮》午其衆以伐有道。

○**酉**_{與久切}

5.199 醫，治病工也；於其切；醫，飲也。於己切，《禮》酒正辨四飲，二曰醫，謂以酏醴釀之。又於計切。

5.200 酤，買也；古乎切，《詩》無酒酤我。又音顧。酤，一宿酒也。音户，《詩》無酒酤我。

5.201 醋，醢也；七故切。醋，報也。才各切，《禮》祝酌授尸，尸以醋主人。

○**酋**_{才秋切}

5.202 奠，置也；大見切。奠，定也。音定，《禮》展成奠賈。

群經音辨卷第五　　譚瑩玉生覆校

群經音辨卷第六

朝奉郎尚書司封員外郎直集賢苑兼天章閣侍講輕車都尉賜緋魚袋臣賈昌朝　撰

辨字音清濁

○

6.001　王，君也；于方切。君有天下曰王。于放切。

6.002　子，男女之通稱也；將此切。子育下民曰子。下將吏切，《禮》子庶民也。

6.003　女，未嫁之稱也；尼呂切。以女嫁人曰女。下尼許切，《書》女于時。

6.004　妻，與夫齊者也；七奚切。以女適夫曰妻。七計切，《論語》以其子妻之。

6.005　親，媛也；七鄰切。婚媛相謂曰親。七吝切。

6.006　賓，客也；必鄰切。客以禮會曰賓。必吝切。

○

6.007　衣，身章也；於希切。施諸身曰衣。於既切。

6.008　冠，首服也；古桓切。加諸首曰冠。古玩切。

6.009　枕，藉首木也；章荏切。首在木曰枕。章鴆切。

○

6.010　飲，酒漿也；於錦切。所以歠曰飲。於禁切。

6.011　麾，旌旗也；許爲切。所以使人曰麾。許類切，《春秋傳》周麾
而呼。

6.012　冰，水凝也；筆凌切。所以寒物曰冰。彼凭切。

6.013　膏，脂凝也；古刀切。所以潤物曰膏。古到切，《詩》羔裘如膏。

6.014　文，采章也；無分切。所以飾物曰文。亡運切。

6.015　粉，白飾也；夫吻切。所以傅物曰粉。夫問切

6.016　巾，帨也；居銀切。所以飾物曰巾。居吝切，《禮》巾車，劉昌
宗讀。

6.017　熏，煙出也；許云切。所以熏物曰熏。許運切。

6.018　陰，氣之濁也；於金切；所以庇物曰陰。於禁切，《禮》陰爲野土。

6.019　采，取也；倉宰切。所以取食曰采。倉代切，古者卿大夫所食之地
曰采。

6.020　輕，浮也；去盈切，對重之稱。所以自用曰輕。苦政切，《春秋傳》
戎輕而不整。

○

6.021　兩，偶數也；力奬切。物相偶曰兩。力讓切，《詩》葛屨五兩。

6.022　三，奇數也；蘇甘切。審用其數曰三。蘇暫切，《論語》三思而
後行。

6.023　左，左手也；臧可切，對右之稱。左右助之曰左。下臧箇切。

6.024　右，右手也；於久切，對左之稱。左右助之曰右。下於救切。

6.025　先，前也；思天切，對後之稱。前之曰先。思見切，《詩傳》相導前
後曰先後。

6.026　卑，下也；補支切，對高之稱。下之曰卑。部止切，劉昌宗曰：禹卑宮室。

6.027　遠，疎也；於阮切，對近之稱。疎之曰遠。于眷切，《論語》敬鬼神而遠之。

6.028　離，兩也；力支切。兩之曰離。力智切。

6.029　傍，近也；蒲郎切。近之曰傍。蒲浪切。

6.030　空，虛也；苦紅切。虛之曰空。苦貢切。

6.031　沈，沒也；直金切，對浮之稱。沈之曰沈。下直禁切，《春秋傳》沈玉而濟。

6.032　重，更爲也；直龍切。再之曰重。直用切。

6.033　數，計之也；色主切。計之有多少曰數。色句切。

6.034　量，酌也；龍張切。酌之有大小曰量。龍向切。

6.035　度，約也；徒洛切。約之有長短曰度。徒故切，《書》平律度量。

6.036　高，崇也；古刀切，對下之稱。度高曰高。下古到切，高幾丈幾尺是也。

6.037　深，下也；式金切，對淺之稱。測深曰深。下式禁切，深幾尋幾仞是也。

6.038　長，永也；持良切，對短之稱。揆長曰長。下持亮切，長幾分幾寸是也。

6.039　廣，闊也；古黨切，對狹之稱。量廣曰廣。下古曠切，廣幾里幾步是也。

〇

6.040　染，濡也；而琰切。既濡曰染。而豔切，《周官》染人掌凡邦之染事。

6.041　折，屈也；之舌切。既屈曰折。市列切。

6.042　別，辨也；彼列切。既辨曰別。皮列切。

6.043　貫，穿也；古桓切，《易》貫魚以宮人寵。既穿曰貫。古玩切。

6.044　縫，紩也；符容切。既紩曰縫。符用切。

6.045　過，逾也；古禾切。既逾曰過。古臥切。

6.046　斷，絕也；都管切。既絕曰斷。徒管切。

6.047　盡，極也；即忍切。既極曰盡。慈忍切。

6.048　分，別也；方云切。既別曰分。扶問切。

6.049　解，釋也；古買切。既釋曰解。胡買切。

○

6.050　行，履也；戶庚切。履迹曰行。下孟切，或履而有所察視亦曰行。

6.051　施，行也；式支切。行惠曰施。式豉切。

6.052　相，共也；息良切。共助曰相。息亮切。

6.053　從，隨也；疾容切。隨後曰從。秦用切。

6.054　走，趨也；臧苟切。趨嚮曰走。臧候切，《書》矧咸奔走。

6.055　奔，趨也；逋門切。趨走曰奔。布寸切。又逋門切。

6.056　散，分也；蘇亶切。分布曰散。蘇岸切。

6.057　還，回也；胡關切。回遶曰還。胡弗切。

6.058　和，調也；戶戈切。調繁曰和。胡臥切。

6.059　調，和也；調聊切。和適曰調。徒料切。

6.060　凝，結也；魚陵切。結固曰凝。牛證切。

6.061　彊，堅也；其良切。堅固曰彊。其亮切。

6.062　齊，等也；徂奚切。等平曰齊。在計切，《禮》分珍曰齊。

6.063　延，長也；余然切。長引曰延。余見切。

6.064　著，置也；陟略切。置定曰著。直略切。

6.065　冥，暗也；彌經切。暗甚曰冥。忙定切。

6.066　塵，土也；池珍切。土汙曰塵。直吝切，鄭康成曰拜手坋塵。

6.067　煎，烹也；子仙切。烹久曰煎。子賤切。

6.068　炙，炮也；之石切。炮肉曰炙。之夜切。

6.069　收，斂也；式周切。斂獲曰收。式救切，《禮》農事備收。

6.070　斂，收也；力檢切。收聚曰斂。力劍切，《春秋傳》晉靈公厚斂。

6.071　陳，列也；池珍切。成列曰陳。直刃切。

6.072　呼，聲也；火吳切；大聲曰呼。火故切，《禮》城上不呼。

6.073　悔，過也；呼罪切。改過曰悔。呼內切。

6.074　如，似也；人諸切。審似曰如。而預切，《春秋傳》不如從長。

6.075　應，當也；於陵切。相當曰應。於證切。

6.076　當，宜也；都郎切。得宜曰當。都浪切。

○

6.077　帥，總也；所律切。總人者曰帥。所類切。

6.078　將，持也；即良切。持衆者曰將。即亮切。

6.079　監，莅也；古銜切。莅事者曰監。古陷切。

6.080　使，命也；疏士切。將命者曰使。疏事切。

6.081　援，引也；于元切。引者曰援。于眷切，《春秋傳》國有外援。亦于萬切。

6.082　障，壅也；之良切，《禮》無有障塞。壅者曰障。之亮切。

6.083　防，禦也；符方切。禦者曰防。符況切，《春秋傳》序：聖人包周身之防。俗謂堤，亦曰防，《禮》或作坊，同。

6.084　任，堪也；如林切。堪其事曰任。如禁切。

6.085　中，任也；陟弓切。任得宜曰中。陟仲切。

6.086　閒，中也；古閑切。廁其中曰閒。古莧切。

6.087　足，止也；子六切。益而止曰足。子預切。

6.088　勝，舉也；識烝切。舉之克曰勝。詩證切。

6.089　觀，視也；古完切。謂視曰觀。古玩切，《易》大觀、童觀。

6.090　號，呼也；胡刀切。謂呼曰號。胡到切。

6.091　爭，鬭也；側莖切。謂鬭曰爭。側迸切。

6.092　迎，逆也；魚京切。謂逆曰迎。魚映切，《昏禮》有壻親迎。

6.093　攻，伐也；古紅切。謂伐曰攻。古送切，《春秋傳》樵者何以火攻也。

6.094　守，保也；式帚切。謂保曰守。式救切，《春秋傳》守在四夷，諸侯爲天子出視四方爲巡守。

6.095　選，擇也；思兗切。謂擇曰選。思絹切。

〇

6.096　聽，聆也；他丁切。聆謂之聽。他定切。

6.097　禁，制也；居吟切。制謂之禁。居蔭切。

6.098　知，識別也；張离切。識謂之知。張義切。

6.099　思，慮度也；息茲切。慮謂之思。息吏切。

6.100　評，訂也；蒲兵切。訂語謂之評。蒲柄切。

6.101　論，說也；魯昆切。說言謂之論。魯困切。

6.102　便，欲也；蒲連切。得所欲謂之便。蒲練切。

6.103　好，善也；呼皓切。嚮所善謂之好。呼到切。

6.104　惡，否也；烏各切。心所否謂之惡。烏路切。

6.105　喜，悅也；虛己切。情所悅謂之喜。虛記切。

6.106　怨，尤之也；於元切，鄭康成説《禮》：不能樂天，謂不知己過而怨天也。意有所尤謂之怨。紆万切。

6.107　操，持之也；七刀切。志有所持謂之操。七到切。

6.108　語，言也；仰舉切。以言告之謂之語。牛倨切。

6.109　令，使也；力丁切。所使之言謂之令。力政切。

6.110　敎，使也；古肴切。所使之言謂之敎。古孝切。

○

6.111　雨，天澤也；王矩切。謂雨自上下曰雨。下王遇切。

6.112　宿，止也；思六切。謂日星所止舍曰宿。思宥切，《禮》宿離不忒，徐邈讀。

6.113　種，五穀也；之隴切。謂播穀曰種。之用切。

6.114　生，育也；所庚切；謂育子曰生。色慶切，鄭康成説《禮》：貙吏掌養獸[①]，謂不生乳於圈檻。

6.115　乳，生子也；耳主切。謂飼子曰乳。而遇切。

6.116　吹，呴也；昌垂切。謂呴氣曰吹。尺僞切。

6.117　烝，氣噓也；章升切。謂氣噓而澤曰烝。之勝切。

6.118　經，東西也；古靈切。謂東西其緯曰經。古定切。

6.119　緣，循也；羊專切。謂循飾其傍曰緣。羊絹切。

6.120　編，次也；補年切。謂所次列曰編。步典切。

6.121　封，授爵土也；甫容切。謂所授爵土曰封。甫用切，《書》封乃即封。

6.122　載，舟車以致物也；作代切。謂所致物曰載。昨代切，《書》臭

---

① 吏，畿本作“隸”。

厥載。

6.123　張，陳也；陟良切。謂所陳事曰張。陟亮切，《禮》掌次凡邦之
張事。

6.124　藏，入也；徂郎切。謂物所入曰藏。徂浪切。

6.125　處，居也；昌呂切。謂所居曰處。昌據切。

6.126　爨，炊也；七耑切。謂所炊處曰爨。七亂切。

6.127　柱，支也；知庾切。謂支木曰柱。直主切。

6.128　乘，登車也；食陵切。謂其車曰乘。食證切。

6.129　卷，曲也；居袞切；謂曲者曰卷。居戀切。

6.130　祝，祭主贊詞者也；之六切。謂贊詞曰祝。之又切，《禮》有
六祝。

6.131　要，約也；與招切。謂約書曰要。於笑切，《禮》聽出入以要會是
也，故惣最之稱皆曰要。

6.132　傳，授也；直專切。記所授曰傳。直戀切。

6.133　名，目也；縣并切。目諸物曰名。縣政切。

6.134　首，頭也；書九切；頭所嚮曰首。書救切，《禮》君子寢常東首。

6.135　蹏，獸足也；杜奚切；足相躔曰蹏。大計切。

○

6.136　始，初也；式氏切，對終之稱。緩言有初曰始。市志切，《禮》蟬
始鳴。

6.137　聞，聆聲也；亡分切。聲著於外曰聞。亡運切，《詩》聲聞于天，又
曰令聞不已。

6.138　稱，舉也；尺烝切。舉事得宜曰稱。尺證切。

6.139　譽，偁也；羊諸切，陸德明曰：論情則曰毀譽。稱名當體曰譽。羊

洳切，陸德明曰：當體則爲毀譽。

6.140　平，均也；蒲兵切。品物定法曰平。蒲柄切，鄭康成説《禮》：質劑令時月平。

6.141　治，理也；直基切。致理成功曰治。直吏切。

6.142　衷，中也；陟弓切。處事用中曰衷。陟仲切。

6.143　裁，制也；音才。體制合宜曰裁。音在，《春秋傳》序：公羊辨而裁。

6.144　勞，勛也；力刀切。賞勛勸功曰勞。力到切。

6.145　興，舉也；虛凌切。舉物寓意曰興。許應切，《詩》有六義，四曰興是也。

6.146　累，連也；力水切。牽連爲敗曰累。力僞切。

6.147　與，授也；羊主切。授而共之曰與。余慮切。

6.148　比，近也；卑履切。近而親之曰比。毗志切。

6.149　難，艱也；乃干切。動而有所艱曰難。乃旦切。

6.150　繫，屬也；古詣切。屬而有所著曰繫。胡計切。

6.151　爲，造也；委支切。造而有所徇曰爲。于僞切。

6.152　遲，緩也；直尼切。緩而有所待曰遲。直利切。

6.153　妨，寠也；敷芒切。置而有所寠曰妨。芳亮切，鄭康成説《禮》：凡奠於左，謂不欲其妨。

6.154　屬，聯也；章玉切。聯而有所係曰屬。時玉切。

○

6.155　享，獻也；呼兩切。神受其獻曰享。呼亮切。

6.156　棺，柩也；古桓切。以棺斂曰棺。下古患切。

6.157　緘，束也；古咸切。齊謂棺束曰緘。古陷切，鄭康成説《禮》：屬引於緘，劉昌宗讀。

6.158　含，實口中也；胡南切。謂口實曰含。胡紺切。

6.159　遣，送也；苦演切。送終之物曰遣。苦傳切，《禮》有遣奠。

6.160　引，曳也；以忍切。曳車之紼曰引。余忍切。

6.161　臨，茬也；良尋切。哭而茬喪曰臨。力禁切。

辨彼此異音

○

6.162　取於人曰假；古雅切。與之曰假。古訝切，《春秋傳》不以禮假人。

6.163　取於人曰借；子亦切。與之曰借。子夜切。

6.164　取於人曰乞；去訖切。與之曰乞。去既切。

6.165　取於人曰貸；他得切，字亦作貣。與之曰貸。他代切。

6.166　毀之曰壞；音怪，《書序》魯共王壞孔子舊宅。自毀曰壞。戶怪切，《春秋傳》魯大室壞。

6.167　毀他曰敗；音拜，《詩》勿翦勿敗。自毀曰敗。薄邁切。

6.168　壞佗曰毀；許委切。自壞曰毀。況偽切。

6.169　上化下曰風；方戎切。下刺上曰風。方鳳切。

6.170　上臨下曰見；古甸切。下朝上曰見；胡甸切。視之曰見；古甸切。示之曰見。胡甸切。

6.171　下白上曰告；古祿切，《禮》為人子出必告。上布下曰告。古報切，《書》予誓告汝。

6.172　上育下曰養；餘兩切，《書》政在養民。下奉上曰養。餘亮切。

6.173　上賦下曰共；九容切。下奉上曰共。九用切。

6.174　有所亡曰遺；以追切。有所與曰遺。羊季切。

6.175　設之曰施；式支切，《詩》肅肅兔罝，施于中逵。及之曰施。羊至切，《詩》葛之覃兮，施于中谷。

6.176　因故而改曰更；古衡切。捨故而作曰更。古孟切。

6.177　除曰去；羌舉切。自離曰去。邱倨切。

6.178　聚謂之畜；敕六切。養謂之畜。許六切。

6.179　死亡曰喪；息郎切。失亡曰喪。息浪切。

6.180　意遺曰忘；無方切。意昏曰忘。無放切。

6.181　善功曰巧；苦絞切。偽功曰巧。苦效切，《禮》無作淫巧。

6.182　懼之急曰恐；邱隴切[①]。緩曰恐。邱用切。

6.183　復之速曰還；音旋，亦音全。緩曰還。戶關切。

6.184　命中曰射；神亦切，《易》射隼于高墉之上。以禮曰射。神夜切，大射鄉射是也。

6.185　制師從己曰取；七與切，《禮》曰禮不聞取人。屈己事師曰取。七句切，《禮》曰禮聞取於人。

6.186　上委下曰仰；魚亮切。下瞻上曰仰。語兩切。

6.187　凡廣曰大；徒蓋切。其極曰大。土蓋切。

6.188　凡微曰少；施沼切。其降曰少。施照切。

6.189　焉，何也，常居語初；於乾切；焉，已也，常居語末。于乾切。

6.190　相合曰會；胡沛切。聚合曰會。古內切。

6.191　開謂之披；鋪悲切。分謂之披。鋪彼切。

6.192　揚謂之播；補我切。布謂之播。補臥切。

6.193　下謂之降；古巷切。伏謂之降。戶江切。

6.194　傾曰覆；甫六切。蓋曰覆。芳布切。

---

① 邱，畿本作"丘"。下"邱"字同。

6.195　聲和爲樂；五角切。志和爲樂。力各切。

6.196　旦日曰朝；陟遥切。旦見曰朝。直遥切。

6.197　餐謂之食；時力切，凡食物也。餉謂之食。音寺。

6.198　目汁曰洟；他禮、虜啟二切。又音弟。鼻汁曰洟。他計切。

6.199　剚謂之刺；七亦切。傷謂之刺。七賜切。

6.200　承曰奉；扶勇切。拱曰奉。音捧。

6.201　人之美稱曰父；音甫，《禮》魯哀公誄孔子曰尼父。家之尊稱曰父。扶雨切。

6.202　著謂之被；音披。覆謂之被。平義切。

6.203　牽和曰合；古盍切。自和曰合。胡閤切。

辨字音疑混

6.204　居高定體曰上；時亮切。自下而升曰上。時掌切。

6.205　居卑定體曰下；胡賈切。自上而降曰下。胡嫁切。

6.206　四方廣大曰夏；胡賈切，中夏也。萬物盛大曰夏。胡嫁切，冬夏也。

6.207　居其後曰後；胡苟切。從其後曰後。胡姤切。

6.208　相鄰曰近；巨隱切。相親曰近。巨刃切。

6.209　所以覆者曰被；部委切。所以覆之曰被。部僞切。

右在字、后字、坐字、聚字，若此類，字書皆有上、去二聲，雖爲疑混，而《釋文》義無他別，不復載之。

群經音辨卷第七

朝奉郎尚書司封員外郎直集賢苑兼天章閣侍講輕車都尉賜緋魚袋臣賈昌朝　撰

辨字訓得失

頌　原　陕　冰　乿　賡　氾　蠆　祁

7.001　頌，从頁，《説文》以爲容貌字。經典以爲歌頌字而有形容盛德之義，《詩·周頌、魯頌》是也。唐顏師古作《正俗》引《魯頌》云：新廟奕奕，奚斯所作。言奚斯制造此廟。而王延壽《靈光殿賦》不當云奚斯頌僖。顏此説是矣，然未究《魯頌》本末，又其失不自延壽，自班固始。臣今悉辨之。

夫頌，天子樂也[①]，而魯以周公之後得用天子禮樂，因有《魯頌》。而魯人不自作，受命於天子。按子夏《詩序》，僖公能遵伯禽之法，季孫行父請命於周，使史克作頌，是也。且其《閟宮》卒章云：新廟奕奕，奚斯所作。毛萇曰：有大夫公子奚斯者，作是廟。鄭康成曰：奚斯作者，教護屬功課章程。則是奚斯作魯廟，不作《魯頌》，明矣。班固《兩都賦·序》乃云皐陶歌虞、奚斯頌魯者，其失有以。蓋固見詩人有指作《詩》主名者，如《巷伯》篇曰：寺人孟子作爲此。《詩·崧高、烝

---

① 樂，畿本作“詩”。

民》皆曰吉甫作誦。故以《詩》言奚斯所作，是作《魯頌》，誤也。將班氏見前世傳《詩》學者，或有異説與？

7.002　原，《説文》本作：灥愚袁切，水泉本也。省作原。經典以地高平爲原，又訓曰再。《周禮》原蠶，《禮記》末有原，是也。叔孫通竊取再意，爲漢立原廟，非也。按《禮》宗廟無二主神者，所依祀不爲瀆廟，安得再乎。通乘漢初尚儒學者苦少，苟出胸臆，趣時立制，失古遠矣。使後世祠祀叢復，儀典煩褻，通其倡之。

7.003　陔，《説文》曰：階次也，从𨸏，亥聲古哀切。束皙《補亡詩》曰：循彼南陔。釋曰：陔，隴也，有登隴採蘭之義。《説文》則自用六書解訓字體①，而皙之言陔於《詩》，義恐未爲得。按《詩》亡篇六，其序存，可以見義焉。《南陔》曰：孝子相戒以養。《白華》曰：孝子絜白。《華黍》曰：宜黍稷。《由庚》曰：万物由其道。《崇邱》曰②：万物極其高大。《由儀》曰：万物得宜。六序皆釋命篇名義甚著，則陔當訓戒明矣。又可就取《詩·雅》爲證。按《鄉飲酒》燕禮，始宵雅三官，卒歌於堂廉，笙入而播此六《詩》焉。及爵樂無算，賓醉而出，則奏陔夏。鄭康成曰：陔之言戒也。終日燕飲，酒罷以陔爲節飲，明無失禮。夫南陔、陔夏皆樂章也。鄭氏作訓，正與子夏《詩序》義協。

7.004　冰，《尚書》古文凝字。《説文》亦曰：水凝也，从仌从水魚陵切，俗作凝。按《爾雅·釋器》曰：冰，脂也。郭璞解引《莊子》肌膚若冰雪，冰雪，脂膏也。陸德明《釋文》作彼陵切，又引孫本作凝牛丞切。然則郭説陸音於《爾雅》皆未爲得。夫膏凝曰脂，《爾雅》用古字，以冰爲脂膏，取義凝結。而郭不見《尚書》《説文》古字，遠引冰雪爲

---

① 體，幾本作“序”。
② 邱，幾本作“丘”。

脂膏，疏矣。陸從而作彼陵切，誤矣。若孫炎所傳《爾雅》本作凝字，
雖改古文，於義不失。

7.005　乿，古文《尚書》治字也，𤔔、𤔜、𤲬，古文亂字也，孔安國
訓亂曰治。按許叔重《説文》無乿字，以𤔜爲古䜌字呂員切，曰亂也，
一曰治也。又解𤲬曰治也，幺子相亂，爻治之也，讀若亂同郎段切，一
曰理也。又解亂亦曰治也，从乙，乙治之也，从𤲬郎段切。經典大抵以
亂爲不理，亦或爲理。夫理亂之義，善惡相反，而以理訓亂，可惑焉。
若以古文《尚書》考之，以乿、亂字別而體近，豈隸古之初，傳寫訛謬，
合爲一字，而作治、亂二訓，後之諸儒，遂不復辨之與。

7.006　𧷿，《説文》以爲古續字。俛，《説文》以爲古頫字音俯。按
《唐韻》以爲《説文》之誤，臣謂非《説文》誤，蓋傳者失之。《説文》
必本六書爲音，此二字之音皆於六體不協，疑《説文》續字，其下必有
𧷿載之，説傳者因復出𧷿，云或从庚貝。頫字，其下或有低俛之訓，因
復出俛，云或从人免。古《尚書》釋文，𧷿有加孟、皆行二切，曰《説
文》以爲古續字，徐鉉修《説文》曰：今俗作古行切。陸不出續音，而
徐增古行切，皆有意焉。

7.007　汜，《詩傳》曰：決復入爲汜。《説文》曰：水別復入水也。
一曰汜，窮瀆，从水，巳聲音似。今鄭西有汜水縣，縣境有周襄王廟。
按《春秋傳》襄王辟叔帶之難，出于鄭，處汜。《左氏傳》書汜从巳午
之巳，而《釋文》音凡。按《説文》氾字孚梵切，訓曰濫也，从水，㔾
聲㔾，乎感切。今地名音凡，則當从㔾乃得聲，豈鄭地本爲氾，从㔾而
傳誤書从巳，或本从巳而《釋文》誤音凡與？然則汜水音似，相傳
久矣。

7.008　蠵，以規、下圭二切，靈龜也。郭景純説涪陵郡出大龜，甲
可以卜，緣中文如瑇瑁，即今觜蠵。龜一名靈蠵，能鳴，則此龜誾而鳴

者也①。《爾雅》釋文舊本引《字林》曰：大龜似謂鳴；新本引《字林》曰：大龜似猬。二説皆有誤。按《周官·考工記》梓人刻畫祭器，狀諸蟲獸，有以胷鳴者。鄭氏曰：榮原屬。《爾雅》蠑螈與螭並載《釋魚》，則皆水蟲類。馬融《周禮》本作以胃鳴，干寶本作以骨鳴，胷、胃、骨三字相近，雖容有誤，而馬、鄭與干皆前世名儒，或所授師説不同。又按《説文》螭，大龜也，从胃鳴者。从、以二字義或可通，用此參驗，《字林》當作以胃鳴，是也。蓋《釋文》舊本增以爲似，增胃爲謂，字之誤。今本因改謂作猬，以爲形似猬，誤之甚。

7.009　祁，地名，亦大也，音祇，又上之切。《詩》曰：瞻彼中原，其祁孔有。鄭以上章言麀鹿麇麌。麀鹿，牝也；麌，麇牝也。謂此章祁當麌，麌，麇牝也。按麌本有辰、脈二音，又市尸切，市尸與上之，其音蓋同，豈古字假祁爲麌，故鄭得有此説歟？然則，鄭氏釋經率多改字，如《曲禮》庶人摯匹，鄭云説者以匹爲鶩，陸遂於《釋文》匹字作木音，非也。按《廣雅》鴄，鳴鵙也，古字省作匹。鄭當直解匹爲鶩，不煩引説者云，陸氏又不當音木。

群經音辨卷第六　譚瑩玉生覆校

---

① 鳴，畿本作"屬"。

群經音辨後序

左承務郎知汀州寧化縣主管勸農公事兼兵馬監押王觀國　撰

沈隱侯高才博洽，名亞董遷，始譜四聲，用分清濁，以彰天子聖哲。及製《郊居賦》示草王筠，筠讀至雌霓五的翻連卷，沈撫掌欣抃曰：僕嘗恐人呼爲霓五兮翻。次至墜石磓星，冰垂培而帶坻，筠皆擊節。約曰：知音者希，真賞殆絶，所以相要，政在此數句耳。嗚呼，《郊居賦》一篇，無甚高論，尚病世俗不能辨其音，況群經乎？約欲正音，徒留意於詞章，含宮咀商，惡覩五經之微奧，是宜梁武不甚遵用，涕唾視之，又何足怪。

夫國朝之興，首以六經涵養士類。逮仁廟當宁，儒風載郁，典章燦然。文元賈魏公總角遂曉群經，章解句達。累官國子監，譽望甚休。遷崇政殿説書，天章閣侍講。慶曆、嘉祐中大拜居政地，海内乂寧。其在經筵，嘗進所著書曰《群經音辨》，凡五門七卷，爲後學蓍龜。有詔頒行，實康定二年十有一月也。公以經術致將相，出入文武，有謀有庸，被知裕陵，始終如一。勳上柱國，邑户萬五千，其遭遇之厚，極儒者榮。下視沈約見薄於蕭梁，真局促轅下駒耳。故能推其所學，西破趙元昊，南走儂智高，外絶契丹之謀，内弭甘陵之變，群經之効，昭若日星。

自胡蝗翳天，神汴失守，六飛巡幸，駐蹕三吳，戎事方興，斯文未喪。上留神經術，登用鴻儒，親札中庸，班賜多士，發明奧境，表章六經，州建學官，教覃溥率。紹興己未夏五月，臨安府學推明上意，鏤公《音辨》，敷錫方州，下逮諸邑。寧化号稱多士，部屬臨汀，新葺縣庠，衿佩雲集。是書初下，繕寫相先，字差豪釐，動致魚魯。且患不能周給諸生，固請刻本藏于黌館，以廣其傳。嘯工東陽，閱月方就。解頤折角馳騁群經者，自是遂得指南矣。

　　蓋五經之行於世，猶五星之麗乎天，五嶽之蟠乎地，五星之蕃乎物，五事之秀乎人，康濟群倫，昭蘇万彙，其功豈淺淺哉？自有經籍以來，未嘗無音，沈熊著《周易音》三卷，王儉著《尚書音》四卷，魯世達著《毛詩音》二卷，李軌著《禮記音》二卷，徐文遠著《春秋左傳音》三卷，非無音也，無音辨爾。是宜句讀不明，師承謬戾。《禮經》以鼏爲鼏，《左氏》以蒍爲蒍。或於《老氏》更載爲哉，或於《洪範》改頗爲陂。以至讀景爲影，命昭爲韶，文異而音同。行翻有四，召切有三，文同而音異。旁及史傳諸子百家，音雜字叢，蓋亦不勝其訛矣。甚者，武夫悍卒，昧於一丁；老師宿儒，惑於三豕。取作屋穿鎚之誚，貽杖杜伏獵之譏。乙屯殊形，刅疻異狀。忌水乃改洛爲雒，惡走乃省隨爲隋。類用俗文，俱緣臆出。以下上爲下上，以縱橫爲縱橫。諡煬帝以爲毓，好奇乃爾。易穆公而爲繆，振古如兹。《音辨》之行，固非小補。

　　漢唐《藝文志》箋注之書，有曰音隱，有曰音略，有曰音義，有曰音訓，有曰音鈔，有曰釋音，是其於音未必能辨。有曰辨證，有曰辨疑，有曰辨嫌，有曰辨惑，有曰辨字，有曰注辨，是其所辨未必皆音。獨陽休之著書号《辨嫌音》，又皆蕪累不經，爲魏收所薄。惟賈魏公沈研經旨，析類辨音，傳注箋題，不爲曲釋，櫛理凝義，啟沃宸衷。至先王治心守身，經理天下之微意，指物譬事，豪析縷解。故其辨明舛誤，是正群書，上不欺乎君，下不欺乎民，愈久愈明，千載不泯。渡江之後，峩冠博帶，傳習益多。汀與虔鄰也，民喜弄兵，盜賊蜂起，郡城坐甲，仰食如蠶，方鄰壤用師，日疲饋運。治賦餘暇，獨與諸生雍容俎豆間，談經究微，從事音辨，幾於不達時務也。縷板于學，雖秀民肄業，瀝懇有陳，亦長此邦者之所願欲也。書舊有序，姑跋其後云。紹興壬戌秋七月中澣日官舍西齋序。

群經音辨跋^①

　　右《群經音辨》七卷，宋賈昌朝撰。案昌朝字子明，獲鹿人。天禧中賜同進士出身，慶曆中同中書門下平章事^②。英宗初，加左僕射，封魏國公，卒諡文元。事蹟具《宋史》本傳，是書《四庫提要》已著錄。王偁《東都事略》稱，文元博學，善議論，著有文集、奏議各二十卷，《通紀》八十卷，《本朝時令》十二卷及是書。《宏簡錄》則稱，其在侍從，得名譽；及執政，乃不爲正人所與。然《宋稗類鈔》録文元《戒子孫文》云：古人厚重樸實，乃能立功立事，享悠久之福。又云：士人所貴，節行爲大。軒冕失之，有時而復來；節行失之，終身不可得矣。搢紳以爲格言，豈其言行不相顧者耶？又稱其苦邀致許我，終不至。嘆曰：許市井人耳，惟其無所求於人，尚不可以勢屈。況其以道義自任者乎？則名節自持，文元固早悉之矣。朱弁《曲洧紀聞》稱，王介甫經義實文元發之，而世莫有知者。今考是書，悉本漢唐諸儒章句註疏之學，視介甫之《新義》《字説》，實迥不相侔，弁之言殆未可盡信。如吳曾《能改齋漫録》稱介甫經義實本於劉原甫，後人猶或非之。況是書恪守先民矩矱，視《七經小傳》之好以己意改經，盡變先儒淳實之遺風者，實大相逕庭哉。殆小學家必不可廢之書。任子田侍御稱岳倦翁《刊正九經

────────────

① 題目原無，整理者加。
② 曆，原作“歷”。

三傳沿革例》遠過是書，仍非篤論耳。

康熙中張士俊、乾隆中余鳳諧，兩次重刊，仍不無舛誤，特校勘以付剞劂。內如卷一卑諶，稱鄭康成曰卑諶草創之，而不云《論語》；卷三稱《詩》從容中道，而不言《禮》；卷五坻，引《詩》如坻如京，而不引宛在水中坻；錡，引《春秋傳》維錡及釜，而不引《詩》；卷六引《書》同律度量，同作平等。或原書偶誤，謹仍之而附記於此。咸豐甲寅重陽後二日南海伍崇耀跋。

論《群經音辨》之音變構詞

　　《四庫全書總目提要》介紹《群經音辨》云："凡群經之中一字異訓音從而異者集爲五門，卷一至卷五曰辨字同音異，仿唐張守節《史記正義》發字例，依許慎《説文解字》部目次之。卷六曰辨字音清濁，曰辨彼此異音，曰辨字音疑混，皆即《經典釋文・序録》所舉分立名目。卷七曰辨字訓得失，所辨論者凡九字，則附録也。"頗爲簡略。

　　除了第七卷主要是討論"頌、原、陔、冰、乳、賡、汜、蠆、祁"九字的形義關係外，《群經音辨》集中辨析了1105組同形異音異義詞的不同音義。卷一至卷五"辨字同音異"共899組，卷六206組："辨字音清濁"160組、"辨彼此異音"41組、"辨字音疑混"5組。其中，只有少數詞形(字)在不同組中重出，而且重出時所辨析的是不同對應關係的詞義。因此可以粗略地説，賈昌朝實際上辨析了漢語近千組單字音變構詞的材料。

　　這些單字音變構詞材料，是傳統的書面語材料，賈昌朝在序中説它們"咸有所自"，主要來源於《易》等儒家十二部經書的傳注，是先儒"沿經著義"並記録於《經典釋文》之中的，是"信禀自然，非所强別"的已然語言材料。

　　賈昌朝認爲，經傳中產生這樣多的變音別義現象，是因爲"古字不繁，率多假借，故一字之文，音詁殊別者衆"。賈昌朝確實是看到了古漢語單字音變構詞的實質內容，但同時由於認識所限以及傳統的影響，他在卷一至卷五中把同音通用的假借（通假）與音變構詞混在一起來討論，須要仔細分辨。爲明其就裏，本文選卷一作全面分析，藉以反映全貌。

卷六雖然分類的角度不同，但表現的內容都是較爲純粹的音變構詞，分類舉例説明，就足以反映其實質內容了。

壹、前五卷“辨字同音異”

因字目太多，故選卷一作代表。又因非音變構詞材料夾雜其間，須要通過仔細分析把它們剝離開來，所以要對所選的一卷作定量的逐條分析，獲得的資料才有説服力（所析材料見正文卷一1.001—1.185條，此不重出。只列編號與字目）。

1.001旁　方位名詞旁近義讀並母唐韻平聲，動詞迫近義讀並母宕韻去聲，是平–去變調構詞；讀並母庚韻平聲的“旁旁”則是疊音式音變構詞。

1.002示　名詞地祇義讀群母支韻平聲，動詞顯示義讀船母至韻去聲，是含聲變的平–去變調構詞；音“置”是同源通用的假借。

1.003祈　動詞祈求義讀群母微韻平聲，禜廟義讀群母未韻去聲，是平–去變調構詞。

1.004祭　封國名屬專名音變，其取義源流無可考，不屬音變構詞。

1.005祝　名詞贊詞者義讀章母屋韻入聲，動詞祝贊義讀章母宥韻去聲，是入–去變調構詞；又動詞附著義讀章母遇韻去聲，是去聲韻間的宥–遇變韻構詞。

1.006 衹　名詞地神義讀群母支韻平聲，形容詞安義讀禪母支韻平聲，是群－禪變聲構詞。

1.007 皇　屬疊音式音變構詞。

1.008 瑕　作“已”義是假借爲“遐”字。

1.009 瑱　作玉飾義讀透母霰韻去聲，王圭義讀知母震韻去聲，是含聲變的霰－震變韻構詞。

1.010 琢　動詞治玉義讀知母覺韻入聲，篆刻義讀澄母獮韻上聲，是含聲變的上－入變調構詞。

1.011 環　名詞玉環義讀匣母刪韻平聲，動詞退卻義讀匣母諫韻去聲，是平－去變調構詞。

1.012 中　形容詞中和義讀知母東韻平聲，動詞命中義讀知母用韻去聲，是平－去變調構詞；名詞“仲”義讀澄母用韻去聲，是清－濁變聲構詞。

1.013 屯　形容詞艱難義讀知母諄韻平聲，動詞聚集義讀定母魂韻平聲(或混韻上聲)，是含聲變的諄－魂變韻構詞。

1.014 峀　屬疊韻式音變構詞。

1.015 悤　是同音借用爲“窗(囪)”字。

1.016 菑　荒田義讀莊母之韻平聲，枯木義讀莊母志韻去聲，是平－去變調構詞；又音“災”是同源通用爲“災”的假借字。

1.017 蘄　屬支－真變韻構詞。

1.018 苴　動詞包裹義讀精母魚韻平聲，名詞大麻子義讀清母魚韻平聲，是不送氣－送氣變聲構詞；墊鞋草義讀精母語韻上聲，是平－上變調構詞；水草義讀崇母麻韻平聲，是含有聲變的變韻構詞。

1.019 蔞　讀來母虞(侯)韻平聲與來母有韻上聲，是相鄰韻的變韻構詞。

1.020苻　是並母與奉母的變聲構詞。

1.021荼　三義是含有聲變的魚－模變韻構詞。

1.022蕃　是非母與奉母的清－濁變聲構詞。

1.023藨　爲並母宵韻平聲與小韻上聲的平－上變調構詞。

1.024苞　爲幫母肴韻平聲與並母小韻上聲的含聲變的平－上變調構詞。

1.025茅　爲明母肴韻與宵韻的變韻構詞；又變讀隊韻去聲，爲平－去變調構詞。

1.026蒯　姓氏也屬專名音變。

1.027茭　用作交接義是與"交"同源通用的假借字。

1.028董　屬疊音式音變構詞。

1.029苛　是曉母與匣母的清－濁變聲構詞。

1.030荷　先是歌韻與哿韻的平－上變調構詞；再是曉母歌韻與匣母歌韻的清－濁變聲構詞。

1.031藏　是從母唐韻與宕韻的平－去變調構詞。

1.032英　是影母庚韻與映韻的平－去變調構詞；又屬庚－耕變韻構詞。

1.033苹　是並母庚－青的變韻構詞。

1.034蒐　是莊母尤韻與從母桓韻含聲變的變韻構詞。

1.035菲　是非母尾韻與未韻的上－去變調構詞。

1.036苦　是姥韻溪母與見母送氣－不送氣的變聲構詞。

1.037芣　是奉母尤韻與敷母有韻含聲變的平－上變調構詞。

1.038薺　是從母霽韻與脂韻的平－去變調構詞。

1.039菀　除姓氏屬專名音變外，爲影母問韻與屋韻的去－入變調構詞。

1.040蘊　是影母軫韻與文韻的平－上變調構詞。

1.041蓼　是來母筱韻與屋韻的上－入變調構詞。

1.042芘　是動詞幫母至韻與名詞並母脂韻含聲變的平－去變調構詞。

1.043蕢　是同音借用爲"塊"字。

1.044萃　作副職義，是同音借用爲"倅"字。

1.045蒲　有專名音變，又有疊韻類的疊音式音變構詞。

1.046茈　屬雙聲類的疊音式音變構詞。

1.047莞　屬專名音變。

1.048著　名詞、動詞爲澄母魚韻與語韻(或遇韻)的平－上(去)變調構詞。

1.049茹　名詞、動詞爲日母魚韻與語韻的平－上變調構詞。

1.050芋　名詞讀云母遇韻去聲，形容詞讀曉母虞韻平聲，是平－去變調構詞；鄭玄讀覆蓋義的曉母模韻是假借爲"宇"字。

1.051蓋　借用爲虛詞。

1.052艾　作動詞是同音借用爲"乂"字。

1.053蔽　動詞蔽塞義讀幫母霽韻去聲，名詞車飾義讀非母屋韻入聲，是去－入變調構詞；又作雙聲類疊音式音變構詞。

1.054茷　人名也屬專名音變。

1.055蔓　是微母願韻去聲與明母寒韻平聲的平－去變調構詞。

1.056藉　是從母禡韻去聲與昔韻入聲的去－入變調構詞。

1.057莖　是精母屑韻入聲與澄母之(脂)韻平聲含聲變的平－入變調構詞。

1.058葉　屬地名、姓氏類專名音變。

1.059莫　讀明母暮韻去聲的日暮義後造今字"暮"，與否定詞

"無"義讀明母鐸韻入聲爲去－入變調構詞；而與安靜義明母陌韻入聲爲另一組去－入變調構詞。

1.060薄　名詞林薄義並母鐸韻入聲，動詞迫近義幫母鐸韻入聲，是清－濁變聲構詞；再聲變讀滂母爲疊音式音變構詞。

1.061蕪　名詞、形容詞微母虞韻與麌韻是平－上變調構詞。

1.062蒙　名詞、形容詞明母東韻平聲與明母侯韻平聲是東－侯變韻構詞。聯綿詞"蒙茸"之"蒙"亦讀明母東韻平聲。

1.063薜　名詞、動詞幫母陌韻入聲與並母覺韻入聲是含聲變的陌－覺變韻構詞。

1.064莎　是含心母與生母之變的戈－麻變韻構詞。

1.065茀　動詞遮蔽義敷母物韻入聲，星光四射義(同"孛")讀並母隊韻去聲，是含聲變的入－去變調構詞；而讀非母廢韻去聲是"福"的假借字，奉母物韻入聲是"刜"的假借字。

1.066春　名詞、動詞昌母諄韻平聲與準韻上聲是平－上變調構詞。

1.067少　多少、年少義讀書母小韻與笑韻，是上－去變調構詞。

1.068余　代詞、名詞以母魚韻與書母魚韻是清－濁變聲構詞。

1.069分　動詞、名(量)詞讀非母文韻平聲和奉母問韻去聲，是含清濁聲變的平－去變調構詞。

1.070曾　兩個虛詞是精母與從母的清－濁變聲構詞。

1.071个　量詞、動詞、名詞讀見母箇韻、怪韻、翰韻，是去聲韻間的變韻構詞。

1.072尚　屬官名的專名音變。

1.073必　是入聲質韻與屑韻的變韻構詞。

1.074番　名詞、量詞是元韻奉母與敷母的清－濁變聲構詞；又屬疊音式音變構詞。

1.075犧　屬疊韻類的疊音式音變構詞。

1.076犆　是含定母與澄母聲變的入聲德－職變韻構詞。

1.077牢　是來母豪韻與侯韻的變韻構詞。

1.078告　告喻、告白是見母號韻與沃韻的去－入變調構詞；讀屋韻的是"鞠"的假借字。

1.079哨　是從母宵韻與生母效韻含聲變的平－去變調構詞。

1.080吹　是動詞、名詞讀昌母支韻與寘韻的平－去變調構詞。

1.081唯　是以母脂韻與旨韻的平－上變調構詞。

1.082呼　動詞曉母模韻與暮韻是平－去變調構詞；讀箇韻是另一組平－去變調構詞；讀禡韻的則是"罅"的假借字。

1.083吾　屬人名類專名音變。

1.084哉　語气詞、副詞讀精母咍韻與代韻，是平－去變調構詞。

1.085台　除專名音變外，名詞、代詞讀透母咍韻與以母之韻是含聲變的變韻構詞。

1.086喧　動詞、形容詞讀曉母元韻與阮韻是平－上變調構詞。

1.087噍　是讀精母的宵－尤變韻構詞。

1.088咸　副詞"都"義、動詞用繩束義讀匣母咸韻平聲與見母銜韻平聲，是含清濁聲變的變韻構詞，後形成古今字"咸－緘"；讀匣母豏韻上聲爲平－上變調構詞，後形成"咸－減"古今字。

1.089嗹　屬疊音式音變構詞。

1.090否　否定副詞、動詞阻塞義讀非母有韻上聲和並母旨韻上聲，是含清濁聲變的變韻構詞；爲"鄙"義讀幫母旨韻上聲，也是上聲韻間的變韻構詞。

1.091嘯　名詞、動詞讀心母嘯韻去聲與昌母質韻入聲，是含聲變的去—入變調構詞。

1.092 昧　讀入聲明母曷韻当是"沬"的假借字。

1.093 召　屬專名音變。

1.094 嘱　屬專名音變。

1.095 吉　屬專名音變。

1.096 咥　是定母屑韻入聲與曉母之韻平聲等的平—入變調構詞。

1.097 咽　除疊音式音變構詞外,是名詞咽喉義讀以母先韻平聲與動詞吞咽義讀影母霰韻去聲的平—去變調構詞;又與動詞哽咽義讀以母屑韻入聲爲平—入變調構詞。

1.098 吒　屬器皿類專名音變。

1.099 嚴　除疊音式音變構詞外,急與莊嚴義是讀疑母銜韻平聲與儼韻上聲的平—上變調構詞。

1.100 單　一爲地名類專名音變,一爲"嬗"的假借字。

1.101 趨　讀清母虞韻平聲與莊母有韻上聲的爲含聲變的平—上變調構詞;讀清母遇韻去聲則是平—去變調構詞。

1.102 趙　本讀筱韻的澄母與除草之"刜"義的定母是舌音間的變聲構詞。

1.103 越　影母月韻入聲與匣母末韻入聲是含清濁聲變的變韻構詞。

1.104 趣　是清母遇韻去聲與厚韻上聲的去—上變調構詞。

1.105 埽　讀去聲當是"饡"的假借字。

1.106 澀　是生母入聲的狎—緝變韻構詞。

1.107 登　是與方言相關的端母登韻與德韻的平—入變調構詞。

1.108 是　是與方言相關的禪母旨韻上聲與定母齊韻平聲的含聲變的平—上變調構詞。

1.109正　是章母勁韻去聲與清韻平聲的平-去變調構詞，後形成"正-征"古今字。

1.110逢　屬疊音式音變構詞。

1.111追　治玉義是"彫"的假借字。

1.112遺　以母脂韻平聲與至韻去聲是平-去變調構詞；與邪母支韻平聲爲含聲變的變韻構詞。

1.113巡　"沿"義當是"緣"的假借字。

1.114還　匣母刪韻與邪母仙韻是含聲變的變韻構詞；與匣母線韻去聲則是平-去變調構詞。

1.115連　來母先韻平聲與線韻去聲是平-去變調構詞；與翰韻去聲也是平-去變調構詞。

1.116遒　屬專名音變。

1.117近　群母隱韻上聲與焮韻去聲是上-去變調構詞；與作語氣詞的見母至韻去聲應是含聲變的上-去變調構詞。

1.118造　從母皓韻上聲與清母號韻去聲是含清濁聲變的上-去變調構詞。

1.119遁　定母恩韻去聲與邪母諄韻平聲是含聲變的平-去變調構詞。

1.120達　屬專名音變。

1.121選　心母緩韻上聲與獮韻上聲是上聲韻間的變韻構詞。

1.122適　動詞往義讀書母昔韻，與副詞正好義讀端母錫韻爲含聲變的入聲間變韻構詞；後者與匹敵義讀定母錫韻的是清-濁變聲構詞；再與過失義讀知(澄)母麥韻的是含聲變的入聲間變韻構詞。

1.123御　都是動詞，疑母禦韻去聲與語韻上聲是上-去變調構詞；與禡韻上聲也是上-去變調構詞。

1.124微　名詞、動詞讀見母嘯韻去聲與蕭韻平聲是平－去變調構詞。

1.125復　奉母屋韻與非母屋韻是清－濁變聲構詞；與副詞奉母宥韻去聲則是去－入變調構詞。

1.126德　端母德韻入聲與知母至韻去聲是含聲變的去－入變調構詞。

1.127建　見母願韻去聲與群母獮韻上聲是含清濁聲變的上－去變調構詞。

1.128行　除疊音式音變構詞外，動詞、量詞匣母庚韻與唐韻是平聲韻間的變韻構詞；與名詞匣母映韻去聲是平－去變調構詞。

1.129衙　除專名音變外，疑母語韻上聲與禡韻去聲是上－去變調構詞。

1.130衎　溪母旱韻上聲與翰韻去聲是上－去變調構詞。

1.131術　船母術韻入聲與邪母至韻去聲是含聲變的去－入變調構詞。

1.132牙　屬器皿類的專名音變。

1.133踆　清母諄韻平聲與從母魂韻平聲是含清濁聲變的變韻構詞。

1.134蹲　除疊音式音變構詞外，從母桓韻平聲與魂韻平聲是變韻構詞。

1.135踦　影母紙韻上聲與見母支韻平聲是含聲變的平－上變調構詞。

1.136踐　後者爲“善”的假借字。

1.137跋　幫母哿韻上聲與幫母寘韻去聲是含聲變的上－去變調構詞。

1.138跋　屬疊音式音變構詞。

1.139跋　爲並母與幫母的清－濁變聲構詞。

1.140干　除爲"犴"的假借字外，見母寒韻平聲與匣母翰韻去聲是含清濁聲變的平－去變調構詞。

1.141商　書母陽韻與章母陽韻是變聲構詞。

1.142句　見母侯韻平聲與遇韻去聲是平－去變調構詞；鞋頭裝飾義當是"絇"的假借字。

1.143糾　屬疊韻類的疊音式音變構詞。

1.144言　動詞、形容詞讀疑母元韻平聲與真韻平聲，是變韻構詞。

1.145諦　呼義當是"啼"的假借字。

1.146訌　匣母東韻平聲與見母東韻平聲是清－濁變聲構詞。

1.147訏　屬疊音式音變構詞。

1.148訢　爲"熹"的假借字。

1.149論　動詞議論、名詞言論來母魂韻平聲與慁韻去聲，是平－去變調構詞；與道理義讀諄韻平聲的是變韻構詞。

1.150調　動詞調和、形容詞協調定母宵韻平聲與筱韻上聲，是平－上變調構詞；作早晨義則是"朝"的假借字。

1.151謙　當是"慊"的假借字。

1.152許　屬疊音式音變構詞。

1.153諒　當是"梁"的假借字。

1.154詘　溪母物韻與群母物韻是清－濁變聲構詞。

1.155説　動詞書母薛韻入聲與形容詞快樂義以母薛韻是清－濁變聲構詞，後形成"説－悦"古今字；與解析義透母末韻是含聲變的入聲韻間變韻構詞；與捨去義書母祭韻去聲是去－入變調構詞。

1.156識　動詞書母職韻入聲與章母志韻去聲，是含聲變的去–入變調構詞；與名詞書母志韻去聲則是去–入變調構詞。

1.157信　當是“伸”的假借字。

1.158譖　莊母侵韻平聲與精母栥韻去聲是含聲變的平–去變調構詞。

1.159訾　精母紙韻上聲與支韻平聲是平–上變調構詞。

1.160請　清母靜韻上聲與從母清韻平聲是含清濁聲變的平–上變調構詞。

1.161訓　曉母問韻去聲與邪母諄韻平聲是含聲變的平–去變調構詞。

1.162讎　禪母尤韻平聲與宥韻去聲是平–去變調構詞。

1.163竟　見母映韻去聲與梗韻上聲是上–去變調構詞。

1.164童　屬地名類專名音變。

1.165業　屬疊音式音變構詞。

1.166卷　卷遜，是疊韻類疊音式音變構詞；卷然，是“拳”的假借字；音袞，是“袞”的假借字；動詞捲起義見母阮韻上聲與量詞線韻去聲是上–去變調構詞；與冠沿義溪母仙韻平聲是含聲變的平–上變調構詞；與捲髮義的群母元韻平聲爲含有清濁聲變的平–上變調構詞。

1.167樊　非(奉)母元韻平聲與並母寒韻平聲爲含聲變的變韻構詞。

1.168共　見母鍾韻平聲與腫韻上聲是平–上變調構詞；與用韻去聲爲平–去變調構詞，後形成“共–供”古今字；與群母用韻爲含清濁聲變的平–去變調構詞。

1.169與　動詞授予義以母語韻上聲與連詞禦韻去聲爲上–去變調構詞；與語氣詞魚韻平聲爲平–上變調構詞。

1.170革　見母麥韻與職韻是入聲韻間的變韻構詞。

1.171鞞　幫母迥韻上聲與並母支韻平聲是含清濁聲變的平–上變調構詞。

1.172鞠　除鞠藭藥是專名音變外，見母屋韻入聲與酒麴義的溪母屋韻入聲是送氣–不送氣變聲構詞，後形成"鞠–麴"古今字。

1.173鬲　別名、類名讀來母錫韻與見母麥韻，是含聲變的入聲韻間的變韻構詞；"轅端軛"義則是專名音變。

1.174鬷　屬地名類專名音變。

1.175粥　名詞、動詞讀章母屋韻與以母屋韻，是清–濁變聲構詞。

1.176鬻　名詞粥義讀章母屋韻，與動詞賣義以母屋韻爲清–濁變聲構詞；與形容詞幼稚義讀見母屋韻是章–見變聲構詞。

1.177孚　敷母虞韻與玉之光彩義的奉母尤韻是含清濁聲變的變韻構詞，後形成"孚–琈"古今字。

1.178取　取慮是地名類專名音變；清母麌韻上聲與遇韻去聲是上–去變調構詞，後形成"取–娶"古今字。

1.179叟　屬疊音式音變構詞。

1.180度　居義當是"宅"的假借字；動詞、名詞讀定母鐸韻入聲與暮韻去聲，是去–入變調構詞。

1.181曼　屬專名音變。

1.182尹　當爲"筠"的假借字。

1.183反　屬疊音式音變構詞。

1.184卑　卑諶，是人名類專名音變；卑居，是鳥名類專名音變；卑賤義幫母支韻平聲與卑下義並母紙韻上聲爲含清濁聲變的平–上變調構詞；與給予義幫母至韻去聲爲平–去變調構詞。

1.185肅　屬疊音式音變構詞。

貳、卷六的"字音"三辨

因"三辨"的字目都比較少，並且所辨析的內容比較相近，所以把這三類放在同一卷中。由於這三類都是較純粹的音變構詞，不必每一類都作定量分析，故前兩類只舉例分析，後一類因只有6組而作全部分析。

一、"辨字音清濁"

6.001王　名詞、動詞讀云母陽韻平聲與漾韻去聲，是平－去變調構詞。

6.022三　確數之數詞、概數之副詞讀心母談韻平聲與闞韻去聲，是平－去變調構詞。

6.038長　形容詞、動詞讀澄母陽韻平聲與漾韻去聲，是平－去變調構詞。

6.048分　動詞、名(量)詞讀非母文韻平聲與奉母問韻去聲，是含清濁聲變的平－去變調構詞。

6.060凝　動詞、形容詞讀疑母蒸韻平聲與證韻去聲，是平－去變調構詞。

6.071陳　動詞、名詞讀澄母真韻平聲與震韻去聲，是平－去變調構詞，後形成"陳－陣"古今字。

6.078將　動詞、名詞讀精母陽韻平聲與漾韻去聲，是平－去變調構詞。

6.111雨　名詞、動詞讀云母麌韻上聲與遇韻去聲，是上－去變調構詞。

6.134首　名詞、動詞讀書母有韻上聲與宥韻去聲，是上-去變調構詞。

6.161臨　類動作之動詞、具體動作之動詞讀來母侵韻平聲與沁韻去聲，是平-去變調構詞。

二、"辨彼此異音"

6.162假　接受動詞、施予動詞讀見母馬韻上聲與禡韻去聲，是上-去變調構詞。

6.166壞　他動詞、自動詞讀見母怪韻去聲與匣母怪韻去聲，是清-濁變聲構詞。

6.187大　形容詞、副詞讀定母泰韻去聲與透母泰韻去聲，是清-濁變聲構詞，後形成"大-太"古今字。

6.196朝　名詞、動詞讀知母宵韻平聲與澄母宵韻平聲，是清-濁變聲構詞。

6.201父　泛稱名詞、專稱名詞讀非母麌韻上聲與奉母麌韻上聲，是清-濁變聲構詞。

三、"辨字音疑混"

6.204上　方位名詞、動詞讀禪母漾韻去聲與養韻上聲，是上-去變調構詞。

6.205下　方位名詞、動詞讀匣母馬韻上聲與禡韻去聲，是上-去變調構詞。

6.206夏　空間、時間名詞讀匣母馬韻上聲與禡韻去聲，是上-去變調構詞。

6.207後　方位名詞、動詞讀匣母厚韻上聲與候韻去聲，是上-去變調構詞。

6.208近　靠近、親近讀群母隱韻上聲與震韻去聲，是上-去變調構詞。

6.209被　名詞、動詞讀並母紙韻上聲與寘韻去聲，是上－去變調構詞。

叁、小　結

（一）《群經音辨》基本上是辨析音變構詞材料的專門著作，但賈昌朝認爲“讀曰、讀爲、讀如之類，則是借音，固當具載”，所以在前五卷中，辨析“一字數用者”的面較寬，把一些非音變構詞的内容混合在音變構詞材料中一起辨析。我們對卷一的全部材料作了定量分析，由於一組材料中有多於兩項的音異項，以本讀與一個音異項對應作一次辨析，共得248次辨析，其中屬於假借的32次，屬於專名音變的27次，計59次，占總量的24%，它們或只借音而不涉義，或音相關而詞義絕源無可考，都不屬音變構詞内容。餘下189次音變構詞中，疊音式音變構詞23次，變韻構詞38次，變聲構詞24次，變調構詞104次。變韻構詞中往往夾雜聲母變化，同聲母同聲調的純粹變韻構詞很少。純粹的變聲構詞24次，但包含在變韻變調構詞中的聲變還有53次，合起來有聲母變換77次，其中清濁聲母變換的31次，占總量的40%，説明清濁聲母變換構詞是很突出的。變調構詞占音變構詞總數的55%，其中去聲與平上入三聲變換構詞91次，占變調構詞的88%，充分顯示了去聲在音變構詞中的能産性和活躍性。因前五卷的字頭是按《説文》部首排列的，故卷一的資料比例可以反映全體的面貌。這些音變構詞的資料比例和特點，與我們從《經典釋文》音切資料庫中分析出來的結果是相符的，顯示了《群經音辨》與《經典釋文》在漢語音變構詞材料的搜集和分析上有很好的傳承性。賈昌朝所列的音變構詞用例都是取自前人並“釋以經據”的，不是他的憑空臆造。

　　(二)卷六的“三辨”都是較純粹的音變構詞。“辨字音清濁”，清爲陽而主“生物”(形)，濁爲陰而主“成物”(用)，從舉例分析來看，主要是名(數)詞與動詞、形容詞之間的轉換音變構詞，就是用音變來區別同一詞形(字)所表示的不同詞性的兩個詞，也就是現代語法書所謂詞類活用。這一類以去聲參與的變調構詞爲最多，分化出來的新詞義大多數變調讀爲去聲。“辨彼此異音”，“謂一字之中彼此相形殊聲見義”，辨析的是同一詞形(字)所表示的詞義在物件、範圍、程度等方面不同的兩個詞，這一類以變聲構詞中清濁聲母變換構詞爲常見。“辨字音疑混”辨的都是上–去變調構詞，足見《群經音辨》辨析字音異讀是以《經典釋文》所録材料爲依據的，“《釋文》具載，今悉取焉”，而明知有異音異讀者，《釋文》未録，賈昌朝也“不復載之”。

　　(三)從分析中可以看出，《群經音辨》對“異音”材料的分類是頗下了一番功夫的，儘管各類的名稱與內容並不貼切，但各類中的內容是頗具統一性和系統性的，具備了語言本體研究所需要的依類相從的材料類聚基礎，與一般的經學傳注和小學纂集著作大不一樣。更爲重要的是，除了少數假借和專名音變材料外，各類所收都是語言學意義上的音變構詞材料，這樣的專門性和統一性對漢語音變構詞的整體研究是具有深遠意義的。

　　總之，《群經音辨》是辨析音變構詞類別義異讀的專門著作，集中而又系統地分類辨析了《經典釋文》所録存的群經及其傳注中的音變構詞材料，爲漢語單字音變構詞的研究作了相對完備而又集中的材料搜集與梳理工作，對這些材料作了音義上的對比分析，探索了該門類研究的基本思路和方法，其開創之功是不可磨滅的。

字目音序索引

本索引供音序檢索之用，故按字頭通用讀音排序，不涉及音變等因素。

A		苞	1.024	俾	3.091	冰	6.012
		薄	1.060	必	1.073		7.004
艾	1.052	飽	2.107	庇	4.010	柄	2.152
閽	4.157	報	4.057	閉	4.156	并	3.122
卬	3.119	暴	3.020	裨	3.130	併	3.104
敖	2.050	陂	5.181	蔽	1.053	波	4.098
奧	3.050	卑	1.184	薜	1.063	播	5.031
			6.026	鞞	1.171		6.192
B		北	3.124	編	5.080	撥	5.014
		貝	3.002		6.120	伯	3.110
跋	1.139	背	2.059	弁	3.155	膊	2.064
罷	3.068	被	3.133	便	6.102	跛	1.137
白	3.077		6.202	辡	5.192	不	4.151
百	2.028		6.209	辨	2.072	簿	2.082
敗	6.167	奔	4.053	摽	5.025		
般	3.149		6.055	麃	4.033	**C**	
頒	3.165	賁	3.003	藨	1.023		
伴	3.103	偪	3.118	別	6.042	才	2.169
傍	3.088	比	3.123	賓	6.006	財	3.006
	6.029		6.148	儐	3.102	裁	6.143
包	4.003					采	6.019

參	3.026	莖	1.057	次	3.159	當	6.076
倉	2.110	遲	6.152	刺	6.199	黨	4.048
藏	1.031	蟲	5.121	蔥	1.015	蕩	4.113
	6.124	仇	3.081	從	3.121	德	1.126
操	5.047	愁	4.065		6.053	登	1.107
	6.107	裯	3.131	潨	4.083	狄	4.039
曾	1.070	綢	5.081	粗	3.043	氐	5.057
扱	5.040	幬	3.072	醋	5.201	坻	5.133
槎	2.139	儔	1.162	跙	1.138	抵	5.019
差	2.089	出	2.170	爨	6.126	棣	2.124
柴	2.156	除	5.179	崔	4.006	諦	1.145
摻	5.026	鉏	5.148	摧	5.007	顛	3.166
長	6.038	俶	3.106	縗	5.077	典	2.088
倡	3.087	畜	5.142	萃	1.044	甸	5.141
巢	2.175		6.178	蹲	1.134	奠	5.202
朝	6.196	處	6.125	錯	5.158	殿	2.003
徹	2.013	紬	5.103			鵰	2.040
沈	4.104	歜	3.160	D		掉	5.035
	6.031	傳	6.132	達	1.120	調	1.150
陳	6.071	創	2.066	大	6.187		6.059
敕	2.014	吹	1.080	汏	4.121	丁	5.190
塵	4.034		6.116	貸	6.165	定	3.051
	6.066	垂	2.172	單	1.100	董	1.028
稱	6.138	春	1.066	癉	3.066	侗	3.098
承	5.021	純	5.078	擔	5.016	都	3.011
乘	6.128	淳	4.091	窞	3.061	斗	5.167
絺	5.076	錞	5.147	憚	4.076	竇	3.058
池	4.084	鶉	2.039	澹	4.112	瀆	4.128

酤	5.200	浩	4.081		6.183	己	5.191
穀	3.040	號	6.090	環	1.011	脊	2.063
栝	2.154	合	2.109	轘	5.174	幾	2.045
棺	6.156		6.203	擐	6.011	忌	4.072
關	4.154	何	3.115	皇	1.007	紀	5.088
鰥	4.145	和	6.058	皝	5.115	既	2.106
觀	6.089	曷	2.093	煇	4.044	既	2.106
莞	1.047	盍	2.103	麾	6.011	祭	1.004
管	2.086	荷	1.030	回	2.178	薺	1.038
冠	6.008	赫	4.049	悔	6.073	濟	4.107
貫	3.032	亨	2.115	毀	6.168	家	3.054
	6.043	恆	4.068	會	6.190	嘉	2.099
廣	6.039	橫	2.141	彙	2.166	夾	4.050
㠿	1.105	衡	2.074	混	4.109	假	3.094
郭	3.014	薨	2.052	渾	4.093		6.162
果	2.147	訌	1.146	溷	4.123	駕	4.028
椁	2.162	後	6.207	活	4.133	戔	5.059
過	6.045	乎	2.095	穫	3.041	揃	5.010
H		呼	1.082	**J**		閒	4.158
			6.072				6.086
害	3.048	臕	2.058	踦	1.135	煎	6.067
含	6.158	縠	2.075	稽	2.174	監	6.079
函	3.045	鵠	2.042	緝	5.084	緘	6.157
涵	4.100	華	2.173	齋	3.009	減	4.115
行	1.128	壞	5.135	吉	1.095	見	3.156
	6.050		6.166	亟	5.126		6.170
好	6.103	還	1.114	極	2.164	建	1.127
耗	3.039		6.057	藉	1.056	僭	3.105

漸	4.114	節	2.085	聚	3.127	來	2.118
踐	1.136	解	2.076	卷	1.166	瀾	4.124
薦	4.030		6.049		6.129	濫	4.117
鑒	5.156	借	6.163	絹	5.098	牢	1.077
將	2.007	巾	6.016	決	4.134	勞	6.144
	6.078	斤	5.164	覺	3.157	樂	2.158
疆	5.138	衿	3.135	麋	4.031		6.195
降	6.193	矜	5.169	峻	4.008	雷	4.144
茭	1.027	近	1.117	駿	4.029	累	5.187
教	6.110		6.208			累	5.111
僬	3.084	晉	3.022	**K**			6.146
澆	4.095	禁	6.097	揩	5.024	貍	4.019
燋	4.044	盡	6.047	衎	1.130	鰲	5.140
驕	4.024	經	6.118	康	3.042	離	6.028
角	2.073	竟	1.163	亢	4.058	蠡	5.119
絞	4.055	扃	4.153	苛	1.029	里	5.139
勦	5.145	糾	1.143	渴	4.132	例	3.101
徼	1.124		5.110	空	3.056	栗	3.033
窌	3.057	鳩	2.043		6.030	厲	4.013
較	5.175	久	2.122	恐	6.182	麗	4.032
噍	1.087	咎	3.096	枯	2.130	連	1.115
接	5.041	苴	1.018	苦	1.036	斂	2.015
秸	3.036	居	3.143	㓸	1.026		6.070
揭	5.036	捄	5.017	狂	4.035	良	2.117
桀	2.123	鞠	1.172	賣	1.043	涼	4.102
捷	5.042	沮	4.086	括	5.032	兩	6.021
絜	5.101	舉	5.002	**L**		量	6.034
結	5.104	拒	5.022	蠟	5.117	諒	1.153

僚	3.116	盲	2.024	幕	3.076	旁	1.001
蓼	1.041	毛	3.142			坏	5.129
料	5.168	茅	1.025	**N**		彭	2.100
列	2.070	髦	3.174	難	2.033	披	5.003
臨	6.161	冒	3.067		6.149		6.191
令	6.109	貿	3.008	撓	5.013	紕	5.075
留	5.143	崷	1.014	橈	2.167	芘	1.042
劉	2.068	脢	2.065	臑	2.061	椑	2.159
龍	4.149	蒙	1.062	內	2.111	脾	2.054
籠	2.078	盟	3.030	能	4.040	辟	4.001
婁	5.050	夢	3.031	尼	3.146	僻	3.117
僂	3.092	彌	5.068	泥	4.090	劓	2.067
蔞	1.019	靡	4.150	倪	3.083	漂	4.097
螻	5.114	弭	5.070	季	3.037	飄	5.122
鏤	5.155	密	4.007	鳥	2.038	平	2.097
廬	4.012	幎	3.075	埶	2.168		6.140
酪	5.173	免	3.152	聶	4.161	苹	1.033
卵	5.125	娩	5.052	甯	3.053	屏	3.145
論	1.149	緡	5.079	凝	6.060	評	6.100
	6.101	閔	4.155	授	5.015	顰	3.167
羅	3.070	黽	5.124	儺	3.086	蒲	1.045
率	5.112	名	6.133	女	5.048	樸	2.157
慮	4.063	明	3.029		6.003		
		冥	3.025			**Q**	
M			6.065	**P**		妻	6.004
曼	1.181	繆	5.102	杷	2.140	戚	5.060
蔓	1.055	莫	1.059	拍	5.039	期	3.027
縵	5.095	貉	4.020	泮	4.096	漆	4.131

祁	3.010	勤	5.144	忍	4.069	勺	5.161
	7.009	青	2.105	任	6.084	杓	2.161
圻	5.137	清	4.103	榮	2.142	少	1.067
其	2.087	傾	3.089	肉	2.053		6.188
奇	2.094	輕	6.020	如	6.074	哨	1.079
祈	1.003	綪	5.096	茹	1.049	紹	5.109
祇	1.006	頃	3.120	濡	4.088	蛇	5.123
耆	3.141	請	1.160	乳	6.115	舍	2.108
頎	3.163	窮	3.064	弱	3.172	射	2.113
齊	3.034	逎	1.116				6.184
	6.062	屈	3.148	**S**		躲	2.113
蘄	1.017	區	5.063	塞	2.091	攝	5.001
乞	6.164	詘	1.154	三	6.022	深	6.037
豈	2.101	趨	1.101	散	6.056	慘	3.073
愒	4.074	渠	4.087	喪	6.179	椹	2.149
謙	1.151	瞿	2.037	孌	5.091	慎	4.080
乾	5.189	取	1.178	騷	4.025	生	6.114
錢	5.150		6.185	蹋	1.106	澠	4.106
淺	4.139	去	6.177	沙	4.099	繩	5.083
遣	6.159	趣	1.104	莎	1.064	省	2.026
彊	5.069	缺	2.101	殺	2.004	盛	2.102
	6.061	闕	4.159	綱	2.005	勝	6.088
喬	4.054	埻	5.136	縿	5.085	施	6.051
橋	2.133	竣	1.133	繕	5.097		6.175
巧	6.181	**R**		商	1.141	濕	4.140
且	5.162			上	6.204	拾	5.045
挈	5.020	染	6.040	尚	1.072	食	6.197
親	6.005	攘	5.034	梢	2.137	時	3.017

識	1.156	肆	4.016	瑱	1.009	韋	2.121
使	6.080	頌	3.168	條	2.132	唯	1.081
始	6.136		7.001	窕	3.060	惟	4.066
示	1.002	叟	1.179	怗	4.078	委	5.051
式	2.090	蕭	1.185	聽	6.096	偽	3.097
是	1.108	愬	4.073	童	1.164	亹	5.163
適	1.122	綏	5.074	銅	4.147	位	3.114
收	6.069	睢	2.023	突	3.062	味	1.092
守	6.094	隨	5.178	荼	1.021	畏	4.005
首	6.134	孫	5.072	土	5.127	溫	4.092
疏	5.197	筍	2.081	搏	5.009	文	6.014
樞	2.127	衰	3.132	團	2.177	聞	6.137
屬	3.147	索	2.171	推	5.004	翁	2.030
	6.154			頹	3.169	握	5.018
術	1.131	**T**		焞	4.041	渥	4.129
庶	4.011	台	1.085	屯	1.013	汙	4.120
漱	4.126	嘽	1.089	脫	2.062	毋	5.055
數	2.010	覃	2.116	佗	3.085	吾	1.083
	6.033	湯	4.101	橐	2.176	蕉	1.061
帥	6.077	桃	2.138	**W**		午	5.198
爽	2.022	陶	5.180	丸	4.015	勿	4.017
稅	3.038	提	5.006	宛	3.046	務	5.146
說	1.155	蹄	6.135	菀	1.039	**X**	
思	4.062	題	3.164	王	6.001	希	2.020
	6.099	涕	6.198	妄	5.053	昔	3.021
斯	5.165	裼	3.138	忘	6.180	緆	5.105
汜	7.007	填	5.134	爲	6.151	錫	5.157
俟	3.080	實	3.059				

谿	4.142	相	6.052	虛	3.125	檐	2.151
犧	1.075	鄉	3.016	須	3.171	嚴	1.099
蠵	7.008	襄	3.134	需	4.143	鹽	4.152
洒	4.111	享	6.155	許	1.152	奄	4.051
喜	2.098	向	3.049	卹	2.104	衍	4.110
	6.105	蔄	2.080	絮	5.094	眼	2.025
纚	5.087	校	2.150	軒	5.170	偃	3.093
咥	1.096	嘯	1.091	喧	1.086	宴	3.055
戲	5.058	敩	2.016	旋	3.024	厭	4.014
繫	6.150	邪	3.012	選	1.121	燕	4.148
俠	3.111	挾	5.043		6.095	央	2.114
瑕	1.008	寫	3.047	削	2.071	仰	3.095
下	6.205	泄	4.135	熏	6.017		6.186
夏	2.119	洩	4.122	旬	4.002	養	6.172
	6.206	渫	4.136	巡	1.113	夭	4.052
先	6.025	訴	1.148	洵	4.125	爻	2.019
憸	4.064	信	1.157	殉	2.051	殽	2.001
鮮	4.146	姓	5.054	訓	1.161	銚	5.151
纖	5.082	興	6.145			繇	5.073
咸	1.088	兄	3.154	**Y**		要	6.131
賢	3.007	休	2.143			燿	4.042
險	5.185	脩	2.057	牙	1.132		4.046
獫	4.037	宿	6.112	衙	1.129	鷂	2.041
限	5.182	裦	3.140	雅	2.032	葉	1.058
羡	3.161	褎	3.137	咽	1.097	業	1.165
縣	3.170	繡	5.100	烟	4.043	衣	6.007
憲	4.075	胥	2.055	焉	6.189	依	3.079
獻	4.038	訏	1.147	延	6.063	猗	4.036
				言	1.144		

揖	5.044	贏	5.056	鬻	1.176	蚤	5.120
醫	5.199	應	6.075	淵	4.094	造	1.118
柂	2.125	備	3.078	蜎	5.116	澤	4.137
沂	4.085	雍	2.034	原	7.002	譖	1.158
移	3.035	攸	2.009	員	3.001	柞	2.163
疑	5.194	幽	2.046	援	5.008	咤	1.098
遺	1.112	游	3.023		6.081	摘	5.038
	6.174	有	3.028	緣	6.119	厇	4.009
倚	3.090	右	6.024	轅	5.177	宅	3.052
錡	5.153	柚	2.153	遠	6.027	翟	2.031
佚	3.108	亏	2.096	怨	6.106	療	3.065
易	4.021	於	2.044	約	5.099	沾	4.105
抴	5.033	余	1.068	越	1.103	展	3.144
義	5.061	禺	4.004	隕	5.183	占	2.017
溢	4.082	揄	5.011	緼	5.090	湛	4.116
億	3.113	愉	4.067	蘊	1.040	禮	3.136
懌	4.077	予	2.048	**Z**		張	6.123
斁	2.012	羽	2.029			障	6.082
繹	5.106	雨	6.111	雜	2.035	招	5.012
懿	4.056	與	1.169	哉	1.084	昭	3.018
殷	3.129		6.147	栽	2.131	召	1.093
陰	6.018	語	6.108	載	5.171	炤	4.045
慇	4.079	芋	1.050		6.122	趙	1.102
尹	1.182	育	5.196	簪	2.083	折	5.037
引	6.160	御	1.123	鄩	3.013		6.041
飲	6.010	豫	4.022	駔	4.027	蟄	5.118
英	1.032	燠	4.047	鑿	5.159	甄	5.067
迎	6.092	譽	6.139	早	3.019	鍼	5.152

枕	6.009	桎	2.155	竹	2.077	蕳	1.016
振	5.028	致	2.120	杼	2.144	粢	3.044
鎮	5.154	乿	7.005	注	4.119	摯	5.195
爭	6.091	窒	3.063	柱	6.127	子	6.002
烝	6.117	置	3.069	祝	1.005	訾	1.159
正	1.109	寘	2.047		6.130	字	5.193
政	2.011	摯	5.027	著	1.048	總	5.086
汁	4.138	質	3.005		6.064	縱	5.093
枝	2.126	中	1.012	箸	2.084	葰	1.034
知	6.098		6.085	專	2.006	騶	4.026
織	5.107	衷	6.142	撰	5.030	走	6.054
直	5.062	種	6.113	縛	5.089	奏	4.060
直	5.062	重	6.032	轉	5.172	足	6.087
植	2.165	衆	3.126	追	1.111	鑽	5.149
牣	1.076	州	4.141	綴	5.188	罪	3.071
枳	2.136	粥	1.175	朏	2.056	左	6.023
祇	3.139	軸	5.176	準	4.108	作	3.112
徵	3.128	喌	1.094	琢	1.010		
炙	6.068	侏	3.082	濯	4.130		
治	6.141	豬	4.018	甾	5.066		

字目筆畫索引

氾	4.127		6.186	妃	5.049		6.116
尼	3.146	向	3.049	好	6.103	別	6.042
出	2.170	行	1.128	延	6.063	足	6.087
召	1.093		6.050	羽	2.029	貝	3.002
弁	3.155	合	2.109	巡	1.113	見	3.156
台	1.085		6.203				6.170
六畫		旬	4.002	**七畫**		里	5.139
		名	6.133			告	1.078
吉	1.095	庀	4.009	攻	6.093		6.171
扠	5.040	衣	6.007	坏	5.129	何	3.115
共	1.168	妄	5.053	圻	5.137	佚	3.108
	6.173	冰	6.012	坊	5.131	作	3.112
芋	1.050		7.004	走	6.054	伯	3.110
式	2.090	次	3.159	扶	5.005	位	3.114
百	2.028	并	3.122	拒	5.022	伴	3.103
有	3.028	州	4.141	折	5.037	佗	3.085
列	2.070	汙	4.120		6.041	佛	3.109
邪	3.012	汝	4.121	苿	1.037	攸	2.009
早	3.019	氿	7.007	蒂	1.046	卑	1.184
回	2.178	池	4.084	芘	1.042		6.026
肉	2.053	守	6.094	杜	2.146	近	1.117
先	6.025	宅	3.052	杓	2.161		6.208
竹	2.077	字	5.193	杝	2.125	余	1.068
休	2.143	祁	3.010	吾	1.083	希	2.020
伐	3.099		7.009	甫	2.018	孚	1.177
伏	3.107	收	6.069	更	6.176	含	6.158
任	6.084	防	6.083	否	1.090	甸	5.141
仰	3.095	如	6.074	夾	4.050	角	2.073
				吹	1.080		

免	3.152	抵	5.019	雨	6.111	兒	3.151
狂	4.035	拍	5.039	奔	4.053	卹	2.104
狄	4.039	拂	5.046		6.055	舍	2.108
卵	5.125	披	5.003	奇	2.094	采	6.019
迎	6.092		6.191	奄	4.051	爭	6.091
言	1.144	招	5.012	妻	6.004	乳	6.115
亨	2.115	苹	1.033	尚	1.072	肺	2.060
庇	4.010	苦	1.036	峀	1.014	胇	2.056
忘	6.180	苟	1.029	味	1.092	咎	3.096
兌	3.153	苴	1.018	呼	1.082	炙	6.068
沙	4.099	英	1.032		6.072	享	6.155
沂	4.085	苻	1.020	明	3.029	放	2.049
沈	4.104	苞	1.024	易	4.021	於	2.044
	6.031	茀	1.065	果	2.147	盲	2.024
決	4.134	茅	1.025	典	2.088	育	5.196
牢	1.077	取	1.178	垂	2.172	卷	1.166
良	2.117		6.185	知	6.098		6.129
忌	4.072	其	2.087	和	6.058	泄	4.135
陂	5.181	直	5.062	季	3.037	沽	4.089
忍	4.069	直	5.062	委	5.051	沾	4.105
妨	6.153	枝	2.126	使	6.080	沮	4.086
		枕	6.009	例	3.101	注	4.119
八畫		杷	2.140	侗	3.098	泮	4.096
		杼	2.144	侏	3.082	泥	4.090
青	2.105	來	2.118	依	3.079	沸	4.118
奉	6.200	戔	5.059	併	3.104	波	4.098
長	6.038	兩	6.021	卑	1.184	治	6.141
坻	5.133	刺	6.199		6.026	帖	4.078
拊	5.023						

字	碼	字	碼	字	碼	字	碼
定	3.051	拾	5.045	昭	3.018	施	6.051
宛	3.046	莖	1.057	冒	3.067		6.175
空	3.056	茷	1.054	畏	4.005	差	2.089
	6.030	茭	1.027	思	4.062	首	6.134
祈	1.003	茹	1.049		6.099	炤	4.045
居	3.143	革	1.170	禺	4.004	洒	4.111
屈	3.148	昔	3.021	幽	2.046	洩	4.122
降	6.193	枯	2.130	重	6.032	活	4.133
陔	7.003	柄	2.152	耗	3.039	洵	4.125
限	5.182	枳	2.136	竿	2.079	染	6.040
承	5.021	相	6.052	便	6.102	恆	4.068
亟	5.126	柚	2.153	俠	3.111	突	3.062
函	3.045	柞	2.163	信	1.157	冠	6.008
姓	5.054	树	2.129	俟	3.080	扃	4.153
始	6.136	枸	2.148	叟	1.179	祝	1.005
建	1.127	枹	2.135	段	2.002		6.130
糾	1.143	柱	6.127	皇	1.007	衹	1.006
	5.110	要	6.131	帥	6.077	衿	3.135
甾	5.066	咸	1.088	追	1.111	祇	3.139
		䶕	5.115	盾	2.027	既	2.106
九畫		背	2.059	衍	1.130	屏	3.145
		削	2.071	衍	4.110	弭	5.070
奏	4.060	省	2.026	後	6.207	除	5.179
春	1.066	咥	1.096	食	6.197	韋	2.121
封	5.128	咽	1.097	風	6.169	胥	2.055
	6.121	咤	1.098	怨	6.106	矜	5.169
哉	1.084	是	1.108	度	1.180	約	5.099
政	2.011	曷	2.093		6.035	紀	5.088
括	5.032						

十畫

字		字		字		字	
敖	2.050	鬲	1.173	鳥	2.038	脊	2.063
挈	5.020	連	1.115	射	2.113	悔	6.073
恐	6.182	栗	3.033		6.184	害	3.048
埢	5.136	夏	2.119	皋	4.059	家	3.054
栽	2.131		6.206	術	1.131	宴	3.055
耆	3.141	原	7.002	殷	3.129	寍	3.057
都	3.011	殉	2.051	般	3.149	冥	3.025
盍	2.103	致	2.120	殺	2.004		6.065
捄	5.017	晉	3.022	倉	2.110	被	3.133
振	5.028	柴	2.156	翁	2.030		6.202
挾	5.043	哨	1.079	逢	1.110		6.209
挹	5.033	員	3.001	桀	2.123	展	3.144
接	5.015	時	3.017	留	5.143	娩	5.052
匪	5.065	財	3.006	訌	1.146	弱	3.172
華	2.173	軒	5.170	訐	1.147	陳	6.071
莫	1.059	豈	2.101	訓	1.161	陰	6.018
荷	1.030	峻	4.008	高	6.036	陶	5.180
荼	1.021	缺	2.101	郭	3.014	烝	6.117
莎	1.064	造	1.118	衰	3.132	孫	5.072
莞	1.047	乘	6.128	衷	6.142	務	5.146
耿	4.160	借	6.163	旁	1.001	能	4.040
桱	2.155	倚	3.090	畜	5.142	紕	5.075
桃	2.138	俶	3.106		6.178	純	5.078
格	2.160	倡	3.087	粉	6.015		
校	2.150	倪	3.083	料	5.168	## 十一畫	
索	2.171	俾	3.091	烟	4.043	堵	5.132
		條	2.132	浩	4.081	捷	5.042
		脩	2.057	涕	6.198	掉	5.035

推	5.004	敗	6.167	商	1.141	巢	2.175
接	5.041	婁	5.050	率	5.112		
焉	6.189	累	5.111	粗	3.043	**十二畫**	
著	1.048		6.146	清	4.103	絜	5.101
	6.064	蛇	5.123	渠	4.087	琢	1.010
萉	1.034	崔	4.006	淺	4.139	貴	3.003
菲	1.035	過	6.045	混	4.109	喜	2.098
萃	1.044	秸	3.036	涼	4.102		6.105
菀	1.039	移	3.035	淳	4.091	彭	2.100
菑	1.016	偪	3.118	深	6.037	越	1.103
乾	5.189	偓	3.093	涵	4.100	達	1.120
梗	2.134	假	3.094	惟	4.066	報	4.057
梢	2.137		6.162	宿	6.112	裁	6.143
梏	2.154	既	2.106	密	4.007	揩	5.024
桴	2.128	從	3.121	室	3.063	揖	5.044
副	2.069		6.053	宛	3.060	提	5.006
區	5.063	教	6.110	頃	3.120	揭	5.036
專	2.006	乳	7.005	張	6.123	揄	5.011
戚	5.060	胹	2.065	隊	5.186	援	5.008
盛	2.102	脫	2.062	將	2.007		6.081
爽	2.022	猗	4.036		6.078	揣	5.010
虛	3.125	祭	1.004	絮	5.094	握	5.018
處	6.125	許	1.152	參	3.026	惡	6.104
唯	1.081	訴	1.148	鄉	3.016	葉	1.058
鄂	3.015	旋	3.024	貫	3.032	董	1.028
曼	1.181	庶	4.011		6.043	蔥	1.015
閉	4.156	康	3.042	紬	5.103	散	6.056
眼	2.025	竟	1.163	紹	5.109	斯	5.165

期	3.027	筍	2.081	孶	5.195	**十三畫**		
喪	6.179	傅	3.100	曾	1.070			
朝	6.196	貸	6.165	焞	4.041	瑕	1.008	
植	2.165	傍	3.088	勞	6.144	肆	4.016	
椑	2.159		6.029	湛	4.116	填	5.134	
棹	2.162	躲	2.113	渫	4.136	遠	6.027	
棺	6.156	衆	3.126	減	4.115	摽	5.025	
棣	2.124	遁	1.119	溫	4.092	載	5.171	
極	2.164	御	1.123	湯	4.101		6.122	
軸	5.176	復	1.125	渴	4.132	蓋	1.051	
敕	2.014	須	3.171	淵	4.094	幕	3.076	
覃	2.116	殽	2.001	游	3.023	夢	3.031	
酤	5.200	番	1.074	渾	4.093	剿	1.026	
雅	2.032	爲	6.151	渥	4.129	蒲	1.045	
斐	3.173	創	2.066	惰	4.070	蒙	1.062	
崥	1.105	飮	6.010	愒	4.074	勤	5.144	
單	1.100	鳩	2.043	愉	4.067	椹	2.149	
喧	1.086	脾	2.054	甯	3.053	槎	2.139	
量	6.034	勝	6.088	粥	1.175	禁	6.097	
跋	1.139	貿	3.008	費	3.004	輅	5.173	
跛	1.137	評	6.100	陧	5.183	較	5.175	
閒	4.158	詘	1.154	疏	5.197	剽	2.067	
	6.086	敦	2.008	登	1.107	甄	5.067	
閔	4.155	童	1.164	發	5.071	感	4.071	
幅	3.074	馮	4.023	絭	5.187	雷	4.144	
犆	1.076	粢	3.044	幾	2.045	黽	5.124	
稅	3.038	奠	5.202	結	5.104	頓	3.162	
喬	4.054	遒	1.116	絞	4.055	訾	1.159	

業	1.165	頌	3.168	綢	5.081	團	2.177
當	6.076		7.001	勦	5.145	聞	6.137
號	6.090	解	2.076	**十四畫**		慘	3.073
盟	3.030		6.049			蠟	5.117
睢	2.023	雍	2.034	瑱	1.009	熏	6.017
遣	6.159	義	5.061	髦	3.174	種	6.113
蜎	5.116	羨	3.161	趙	1.102	稱	6.138
蛾	5.113	煎	6.067	嘉	2.099	箸	2.084
置	3.069	煇	4.044	赫	4.049	管	2.086
罪	3.071	溷	4.123	搏	5.009	僚	3.116
幎	3.075	準	4.108	摧	5.007	僭	3.105
愁	4.065	溢	4.082	摘	5.038	僬	3.084
節	2.085	慎	4.080	摻	5.026	僞	3.097
傳	6.132	塞	2.091	蔓	1.019	備	3.078
僂	3.092	窨	3.061	蔓	1.055	愿	4.079
傾	3.089	褐	3.138	蔽	1.053	銚	5.151
與	1.169	神	3.130	蓼	1.041	貍	4.019
	6.147	裯	3.131	聚	3.127	疑	5.194
毀	6.168	殿	2.003	槁	2.145	膊	2.064
奧	3.050	肅	1.185	疐	2.047	語	6.108
頎	3.163	辟	4.001	輕	6.020	說	1.155
衙	1.129	障	6.082	監	6.079	膏	6.013
鉏	5.148	彙	2.166	爾	2.021	廣	6.039
鉤	5.160	緱	5.092	屬	4.013	塵	4.034
會	6.190	經	6.118	厭	4.014		6.066
飽	2.107	絹	5.098	奪	2.036	羿	5.192
貉	4.020	絺	5.076	需	4.143	適	1.122
頒	3.165	綏	5.074	踆	1.133	齊	3.034

	6.062	播	6.107	稽	2.174		6.095
養	6.172	播	5.031	箭	2.080	險	5.185
愬	4.073		6.192	億	3.113	駕	4.028
榮	2.142	撰	5.030	僻	3.117	樂	2.158
漸	4.114	撥	5.014	質	3.005		6.195
漱	4.126	賣	1.043	德	1.126	緘	6.157
漆	4.131	蕪	1.061	徵	3.128	緝	5.084
漂	4.097	蕃	1.022	徹	2.013	緼	5.090
賓	6.006	蕩	4.113	劉	2.068	總	5.086
盡	6.047	横	2.141	請	1.160	編	5.080
墮	5.184	樞	2.127	論	1.149		6.120
隨	5.178	樊	1.167		6.101	緡	5.079
頗	3.167	臨	6.161	調	1.150	緣	6.119
澀	1.106	賢	3.007		6.059		
翟	2.031	醋	5.201	諒	1.153	**十六畫**	
緒	5.096	豬	4.018	褎	3.140	操	5.047
緆	5.105	慮	4.063	褒	3.137		6.107
綴	5.188	嘽	1.089	麾	6.011	擐	6.011
十五畫		噍	1.087	麃	4.033	擔	5.016
		暴	3.020	賡	7.006	薨	2.052
駔	4.027	踐	1.136	澆	4.095	薦	4.030
墳	5.130	踦	1.135	潡	4.083	薄	1.060
趣	1.104	踧	1.138	憚	4.076	薛	1.063
熱	2.168	遺	1.112	寫	3.047	燕	4.148
摯	5.027		6.174	實	3.059	橈	2.167
穀	3.040	數	2.010	窮	3.064	樸	2.157
撓	5.013		6.033	遲	6.152	橋	2.133
操	5.047	罷	3.068	選	1.121	橐	2.176

燿	4.042	羅	3.070	敩	2.016	亹	5.163
	4.046	簿	2.082	譽	6.139	釁	1.176
瀆	4.128	鏤	5.155	鷁	2.041	**二十三畫**	
禰	3.136	識	1.156	瀾	4.124	讎	1.162
織	5.107	譜	1.158	竇	3.058	纖	5.082
繕	5.097	靡	4.150	**二十一畫**		**二十四畫**	
斷	5.166	廬	4.012	攝	5.001	觀	6.089
	6.046	疆	5.138	鄭	3.013	鹽	4.152
十九畫		繹	5.106	儺	3.086	蠆	7.008
騷	4.025	繩	5.083	鰥	4.145	**二十五畫**	
壞	5.135	繡	5.100	齎	3.009	纚	5.087
	6.166	**二十畫**		屬	3.147	**二十七畫**	
蘄	1.017	驕	4.026		6.154	鑽	5.149
難	2.033	攘	5.034	蠹	5.119	**二十八畫**	
	6.149	輾	5.174	**二十二畫**		鑒	5.159
顛	3.166	繫	6.150	驕	4.024	**三十畫**	
繫	6.150	飄	5.122	聽	6.096	爨	6.126
麗	4.032	獻	4.038	懿	4.056		
嚴	1.099	黨	4.048	鑒	5.156		
蹲	1.134	犧	1.075	籠	2.078		
關	4.154	覺	3.157				